KNAUR

Über den Autor:
Chris Hartmann arbeitete in früheren Jahren als Nachtportier in einem Luxushotel und lernte: Die allerbesten Geschichten schreibt das Leben nachts. Heute ist Hartmann erfolgreicher Manager und betont gerne, wie sehr ihm seine im Hotel erworbene Menschenkenntnis im späteren Berufsleben geholfen hat. Nun versammelt er die skurrilsten Storys in diesem Buch. Seine wahre Identität darf und will er nicht preisgeben, denn manche Geheimnisse hätte er mit ins Grab nehmen sollen.

CHRIS HARTMANN

mit Markus Richter

Das Handtuch können Sie mitnehmen, aber der Fernseher bleibt hier!

Die verrücktesten Geschichten aus dem Leben eines Nachtportiers

KNAUR

Besuchen Sie uns im Internet:
www.knaur.de

Aus Verantwortung für die Umwelt hat sich die Verlagsgruppe
Droemer Knaur zu einer nachhaltigen Buchproduktion verpflichtet.
Der bewusste Umgang mit unseren Ressourcen, der Schutz unseres Klimas
und der Natur gehören zu unseren obersten Unternehmenszielen.
Gemeinsam mit unseren Partnern und Lieferanten setzen wir uns für eine
klimaneutrale Buchproduktion ein, die den Erwerb von Klimazertifikaten
zur Kompensation des CO_2-Ausstoßes einschließt.
Weitere Informationen finden Sie unter:
www.klimaneutralerverlag.de

MIX
Papier aus verantwortungsvollen Quellen
FSC
www.fsc.org   FSC® C083411

Originalausgabe Oktober 2020
Knaur Taschenbuch
© 2020 Knaur Taschenbuch
Ein Imprint der Verlagsgruppe
Droemer Knaur GmbH & Co. KG, München
Alle Rechte vorbehalten. Das Werk darf – auch teilweise – nur mit
Genehmigung des Verlags wiedergegeben werden.
Redaktion: Ulrike Gallwitz, Freiburg
Covergestaltung: buxdesign I Lisa Höfner
Coverabbildungen: GettyImages/Hill Street Studios und Shutterstock
Satz: Adobe InDesign im Verlag
Druck und Bindung: CPI books GmbH, Leck
ISBN 978-3-426-79099-1

2 4 5 3 1

Inhalt

Einleitung	7
Check-in	11
Herr von und zu	14
The Walking Dead	24
Die Boygroupgirls	27
The nicht mehr Walking Dead	42
Die Delegation	45
Handtuch to go	58
Stille Nacht, laute Nacht	63
Die Schulbank drücken	75
Feuer!	82
Zahltag	91
Richard von Weizsäcker	94
Die Epidemie	98
Kinderprogramm	105
Ivan und Ivana	112
Seelenklempner Chris	120
Der große Garderobencoup	125
Die Nackten auf dem Flur	137
Chriskobra, übernehmen Sie!	149
Adam	160
Der Mann, der aus der Kälte kam	169
Dienstag, der 8.	177
Betrug!	191
Die lange Nacht der Herzgesundheit	197

Der Anfang vom Ende	203
Flea	207
Nicht alles ist käuflich	214
Bruchlandung	223
Check-out	228
Epilog	235

Einleitung

Wenn du an der Rezeption eines großen und renommierten Hotels arbeitest, dann benötigst du viele Eigenschaften. Gelassenheit zum Beispiel. Und Vielseitigkeit. Aber die bei Weitem wichtigste ist Diskretion. Nichts anderes bekommst du von deinen Vorgesetzten so oft und mit so viel Nachdruck eingetrichtert. Was sich innerhalb der Mauern des Hotels abspielt, hat gefälligst auch dort zu bleiben. Wie total abgefahren oder vollkommen banal es auch sein mag. Diskretion steht immer über allem. Am besten ist, du siehst erst gar nichts. Wenn sich das nicht vermeiden lässt, dann vergisst du das Geschehene bitte sofort wieder. Leere zur Not eine Flasche Wodka auf ex oder schlage mit deiner Stirn so lange gegen den Tresen, bis die Amnesie dich erlöst. Und wenn auch das nicht hilft, dann halte verdammt noch mal wenigstens deine Klappe. Schweige für immer und ewig, wenn du weißt, was gut für dich ist. Denn so will es der Kodex. Mache die Geheimnisse der Gäste zu deinen eigenen, gieße ihre Füße in Beton und versenke sie an der tiefsten Stelle des Flusses.

Kennen Sie das Buch oder den Film *Fight Club*? Die erste Regel des Fight Club lautet: »Ihr verliert kein Wort über den Fight Club.« Die zweite Regel des Fight Club lautet: »Ihr verliert KEIN WORT über den Fight Club.« In unserem Job heißen die ersten zehn Regeln: »Du verlierst KEIN WORT darüber, was du erlebt hast. Sonst verfüttert der Boss deine Eier am nächsten Morgen den Gästen zum Frühstück, und du musst auch noch dabei zusehen.«

Und wir erleben so einiges, das können Sie mir glauben. Denn neben dem ganz normalen Wahnsinn, den die Arbeit an einer 24 Stunden am Tag besetzten Rezeption ohnehin schon mit sich bringt, gibt es da noch unsere VSGs – Very Special Guests. Das sind jene Gäste, deren Gehirn im Moment des Check-ins in eine Art Hotelmodus schaltet und die sich dadurch in vollkommen andere Menschen verwandeln. Äußerst beliebt sind dabei die Modelle »Teenager allein zu Haus« und »Rockstar für eine Nacht«. Sie tun oder lassen plötzlich Dinge, die sie in ihrem normalen Leben niemals tun oder lassen würden. Und da sind sie alle gleich:

Priester, Putzfrauen, Pizzabäcker, Proktologen, Lehrer, Kellner, Gärtner, Banker, Broker, Richter, Seelenklempner, Viehbefruchter, Astronauten, Profikicker, Paparazzi, Taxifahrer, Trucker, Butler, Schlachter, Schaffner, Politessen, Fettabsauger, Spargelstecher, Professoren, Kopfgeldjäger, Reiseleiter, Gleisarbeiter, Orthopäden, Boygroupsänger, Zeitsoldaten. Danke, Deichkind.

Wen sie bei ihrem Treiben meist nicht einmal wahrnehmen, das sind wir, die Angestellten. Und ich sage es Ihnen ganz ehrlich: Wir scheren uns nicht im Geringsten um unser mit gekreuzten Fingern hinter dem Rücken abgelegtes Schweigegelübde. In jeder Rauchpause und bei jedem heimlichen Besuch im Getränkelager erzählen wir uns, was wir gesehen und erlebt haben. Je skurriler, desto besser. Je prominenter die Gäste, desto interessanter. Es ist ein regelrechter Wettbewerb. Und wer mit der irrsten Story aufwarten kann, ist König für einen Tag. Meistens gewinnen die Nachtschichtler. Nachts zu arbeiten ist so etwas wie die Königsdisziplin der Hotelrezeptionisten. Was in der Nacht und den frühen Morgenstunden unter unserem Dach abgeht, ist nicht selten filmreif. Einer meiner Kollegen hat ein Tattoo am Oberarm, auf dem steht: *The freaks come out at night.* Er weiß genau, warum er es sich stechen ließ.

Nur um sicherzugehen, dass Sie kein falsches Bild unserer Zunft erhalten: Wir sind zwar Tratschtanten, aber wir sind definitiv keine Idioten. Wir behalten diese Geschichten natürlich für uns. Keine davon verlässt jemals den erlauchten Kreis der Eingeweihten, der zum Schweigen verdammten Argusse. Und natürlich würde niemals einer von uns vor einem Außenstehenden zugeben, seine Geheimnisse ausgeplaudert zu haben. Auf Disziplinarmaßnahmen, Jobverlust oder einen Auftritt vor Gericht hat einfach keiner allzu große Lust. Und niemand, absolut niemand, wäre so unfassbar dämlich, auch noch ein Buch darüber zu schreiben. Na ja, fast niemand. Und ich habe damals ausschließlich Nachtschichten geschoben.

Check-in

Als man mich damals bei meinem Vorstellungsgespräch für den Posten des Nachtportiers gefragt hat, welche Erfahrungen ich denn im Bereich Hotel- und Gastgewerbe hätte, habe ich geantwortet: »Ich habe einmal ein Mineralwasser aus der Minibar meines Hotelzimmers getrunken, die Flasche danach mit Leitungswasser aufgefüllt und wieder zurückgestellt. Ist niemandem aufgefallen.«

Ich sollte vielleicht erwähnen, dass ich diesen speziellen Job nicht unbedingt nötig hatte. Ich war noch jung genug, um mir keine Sorgen über meine Zukunft zu machen, und suchte damals nach irgendeiner Möglichkeit, Geld zu verdienen. Ob als Nachtportier, Tankwart oder Schaukelpferdzureiter, war mir eigentlich egal. Das verlieh mir eine gewisse Lockerheit und Risikofreudigkeit. Und ich vertrat zu dieser Zeit auch den Standpunkt, dass es besser wäre, einen Job nicht zu bekommen, als eine Pointe nicht zu bringen. Besagte Pointe hatte ich mir extra am Vorabend zurechtgelegt, um das Eis zu brechen. Ich war einigermaßen überzeugt gewesen, sie wäre der richtige Einstieg und würde mir Gelächter, Schulterklopfen und schließlich den Job einbringen.

Aber Sie wissen ja, wie das häufig so ist mit Plänen. Ich blickte nach meiner Antwort in zwei versteinerte Gesichter und in ein verhalten schmunzelndes. Nicht ganz der gewünschte Effekt. Sollte jemals ein vom Eis eingeschlossenes Schiff von meinen Brecherqualitäten abhängig sein, es wäre verloren. Also fügte ich noch schnell hinzu: »Ich habe schon als Telefonist und auch eine Zeit lang als Frühstückskellner gearbeitet.«

Das stimmte sogar. Und die beiden Hotels, in denen ich bereits erste Erfahrungen hatte sammeln können, waren durchaus namhaft und spielten in der Oberliga. Genauso wie jenes, in dem ich mich gerade bewarb. Ich konnte meine Aussagen sogar mit Dienstzeugnissen belegen, die im Übrigen sehr gut waren.

Dennoch blieben zwei der Gesichter steinern. Humor zog nicht, Zeugnisse zogen nicht, es sah schlecht aus.

»Sie haben also noch nie am Frontdesk gearbeitet, geschweige denn ganz alleine in der Nacht?«

Ich schüttelte den Kopf.

»Sie werden laufend in direktem Kontakt mit unseren höchst anspruchsvollen Gästen stehen. Sie werden zu jeder Stunde ihre Wünsche erfüllen müssen. Sie müssen diskret und verschwiegen sein. Sie müssen mit allen Gegebenheiten und Abläufen unseres Hauses bestens vertraut sein. Sie benötigen ein stark ausgeprägtes Organisationstalent, exzellente Fremdsprachen- und Computerkenntnisse. Höfliches Auftreten und ein gepflegtes Äußeres sind ohnehin selbstverständlich. Zuverlässigkeit und Loyalität. Und natürlich Diskretion.«

»Die haben Sie bereits erwähnt«, warf ich ein.

»Ganz richtig. Und die kann man auch nicht oft genug erwähnen. Diskretion, Diskretion, Diskretion. Verschwiegenheit, Diskretion und noch einmal Diskretion. What happens in our hotel stays in our hotel. Der Nachtportier ist eine höchst verantwortungsvolle und wichtige Position. Haben Sie eine Vorstellung davon, was Sie da erwartet?«

Es war das Schmunzelgesicht gewesen, das mir den Vortrag gehalten hatte.

Daher wurde ich wieder mutig.

»Viel Kaffee?«, antwortete ich.

Schmunzelgesicht sah zu Steingesicht 1 und 2 hinüber. Schweigen.

Tja, das war's dann wohl. Ab zur Tanke um die Ecke. Vielleicht brauchen die ja jemanden, dachte ich bei mir.

Aber dann rissen die Wolken auf, und die Sonne kam zum Vorschein. Zuerst nur ganz zaghaft, doch dann immer kräftiger, und schließlich strahlte sie mich mit all ihrer Helligkeit und Wärme an. Schmunzelgesicht wurde zu Lachgesicht, Steingesicht 1 und 2 wurden zu Schmunzelgesicht 1 und 2. Na bitte, ging doch.

Sie planen eine Reise zum Nordpol? Alle Mann an Bord, ihr Eisbrecher steht bereit.

Wir unterhielten uns ab diesem Moment angenehm ungezwungen. Ich erfuhr, was man von mir erwartete, und man gab mir einen Überblick über meine weiteren Aufgaben neben dem Kaffeetrinken. Man fragte mich, ob ich mit dem angebotenen Gehalt einverstanden sei. Ich fragte, ob das ein Witz sei – ich hatte noch nie so gut verdient bis dahin. Ungefähr eine halbe Stunde später hatte ich den Job, und ich sollte gleich am nächsten Tag anfangen. Meine lockere Art und mein Humor hatten also doch noch Wirkung gezeigt.

Übrigens: Sollten Sie einmal mit einem meiner damaligen Kollegen ins Gespräch kommen – was niemals passieren wird, da ich Ihnen selbstverständlich keine Namen nennen werde, aber nur mal rein theoretisch –, könnte Ihnen das Gerücht zu Ohren kommen, dass ich damals der einzige Bewerber und das Hotel in großer Personalnot gewesen sei. Glauben Sie denen kein Wort.

Herr von und zu

Mein Vorstellungsgespräch war nun eine Woche her, und ich hatte bereits drei Schichten als Night Auditor, oder kurz Night Audit, geschoben. Night Audit ist die branchenintern gerne benutzte Bezeichnung für den Nachtportier. Seitdem ich das erfahren hatte, verwendete ich ausschließlich diese Jobbezeichnung. Sie klang viel wichtiger und geheimnisvoller als Nachtportier, und das gefiel mir natürlich. Waste Removal Engineer klingt ja auch besser als Müllmann, und vor einem Vision Clearance Engineer hat man mehr Respekt als vor einem einfachen Fensterputzer. Ich wusste nicht genau, was sich die Leute als Tätigkeit ausmalten, wenn ich ihnen sagte, ich wäre Night Audit, aber sie bekamen alle so einen ehrfürchtigen Blick, und keiner, nicht ein Einziger, traute sich zu fragen, was ich denn da eigentlich genau machte. Vielleicht dachten sie, ich sei ein Geheimagent oder eine Art nächtlicher Rächer mit Maske und Cape. Was auch immer es war, ich ließ es gerne dabei bewenden.

Alle meine bisherigen Nachtdienste hatte ich zu zweit geschoben, mit meinem künftigen Vorgänger, der mich in die Materie einführte. Wir sollten noch bis Monatsende gemeinsam Dienst machen, dann würde er uns verlassen und das Rohrreinigungs-Business seines Vaters übernehmen. Ein wenig hatte es mir schon zu denken gegeben, dass jemand lieber in Haarpfropfen und Exkrementen herumstocherte, als meinen neuen Job zu machen. Aber hey, immerhin hatte seine Entscheidung dafür gesorgt, dass dieser Posten hier überhaupt erst frei geworden war, also hinterfragte ich seine Karrierewahl nicht länger. Bis er uns aber verließ, würde ich noch alles Notwendige lernen und ausreichend Praxis sammeln können.

Zumindest war das der Plan. Denn was ich erst kurz vor Antritt meiner vierten Nachtschicht erfuhr: In der Personalstelle hatte man am Tag zuvor festgestellt, dass mein Vorgänger noch etliche Urlaubstage und Überstunden übrig hatte. Und man hatte sich entschieden, diese nicht auszuzahlen, sondern sie ihn konsumieren zu lassen. Großartige Idee, Leute! Ich wusste ja bereits, wie man Gäste eincheckt. Das musste reichen. Wer will denn schon auschecken? Kassenführung? Überbewertet! Ich würde einfach eine Spendenbox aufstellen oder mit dem Klingelbeutel herumgehen und auf die Ehrlichkeit der Gäste hoffen. Aber ob es mir gefiel oder nicht, ich hatte an diesem Tag die Ehre, meinen ersten Solo-Nachtdienst zu absolvieren.

»Du machst das schon«, munterte mich Susanne, meine Chefin, auf, als sie sah, dass ich noch etwas nervös war. Wir waren mittlerweile per Du und verstanden uns recht gut. Sie war übrigens das erste Schmunzelgesicht bei meinem Bewerbungsgespräch gewesen. »Heute sollte es ohnehin recht ruhig sein. Wahrscheinlich wird nur 518 den üblichen Triple-Cheeseburger-Mitternachtssnack ordern. Wenn du ihn persönlich servierst, ist ein gutes Trinkgeld drin.«

»Okay, ist notiert«, antwortete ich.

»Ach, und wenn du den Grafen siehst, dann sorg dafür, dass er zahlt.«

»Graf? Welcher Graf?«

»Zimmer 323, hat sich beim Einchecken als Graf vorgestellt. Ist seit über drei Wochen bei uns und hat bisher nur anschreiben lassen. Wir haben von ihm noch keinen einzigen Cent gesehen.«

»Ein echter Graf mit Schloss und so?«

»Das bezweifle ich. Wir haben recherchiert, und dieser Graf scheint nirgendwo auf. Da haben wir uns wohl einen Hochstapler eingefangen. Wenn wir auf seiner Mega-Rechnung sitzen bleiben, dann haben wir ein Problem.«

»Wieso hat ihn denn nicht schon längst jemand darauf angesprochen?«

»Dafür müsste man ihn mal sehen. Der Mann ist wie ein Geist. Geht offenbar lange vor dem Frühstück aus dem Haus und kommt erst irgendwann in der Nacht zurück. Anscheinend schafft er es immer irgendwie, sich am Frontdesk vorbeizuschleichen, oder er wird einfach nicht erkannt. Und wenn er auf dem Zimmer ist, beantwortet er weder das Telefon noch das Klopfen an der Tür.«

»Wie sieht er denn aus?«

»Das weiß niemand so genau. Der Einzige, der ihn jemals gesehen hat, ist der Kollege vom Tagdienst, der ihn eingecheckt hat. Und der ist anscheinend nicht gerade gut darin, Menschen zu beschreiben. Nach seinen Schilderungen liegt das Aussehen des Grafen irgendwo zwischen Dieter Bohlen, dem Killer aus *Halloween* und einem griechischen Schafhirten.«

»Interessante Mischung. Ich bin mir nicht sicher, ob ich dem wirklich in der Nacht begegnen will. Was soll ich denn tun, wenn ich ihn sehe? Ihn mit einer Schale Oliven zur Kasse locken?«

»Versuche, ihn irgendwie zum Zahlen zu bringen. Schau, dass er wenigstens einen Teilbetrag rausrückt. Mehr wird sich der Gauner ohnehin nicht leisten können. Lass dir etwas einfallen.«

Und dann ging sie zur Tür hinaus, und mein Dienst begann. Meine Chefin behielt recht damit, dass es ziemlich ruhig werden würde. Außer zwei Late Arrivals und dem tatsächlich georderten Triple-Cheeseburger für 518 war kaum etwas zu tun. Ich hing also meinen Gedanken nach, trank eine Menge Kaffee und hatte den Grafen schon bald vergessen.

Es war ungefähr 2:30 Uhr, als ein Mann Mitte sechzig durch die Drehtür des Haupteingangs kam. Er kam mir sofort bekannt vor, obwohl ich ihn garantiert noch nie gesehen hatte. Und obwohl er noch viele Meter entfernt von mir war, wusste ich, dass dies der Graf sein musste. Natürlich, ausgerechnet ich, in meinem ersten Solo-Nachtdienst, hatte das Vergnügen, den meistgesuchten Betrüger in der Geschichte unseres Hotels anzutreffen. Er trug einen dunklen, dichten Schnauzbart, der vermutlich mehr Haare beinhaltete, als ein ausgewachsener Gorilla am ganzen Körper hatte. Der griechische Schafhirte war tatsächlich nicht sehr weit hergeholt. Das Gesicht war blass, und mit ein wenig Fantasie konnte man sich schon die weiße Maske von Michael Myers aus *Halloween* vorstellen. Offenbar war mein Kollege doch nicht so ein schlechter Menschenbeschreiber wie vermutet. Wo er allerdings Dieter Bohlen erkannt haben wollte, war mir schleierhaft. Ich hoffte nur inständig, dass ich mir nicht in Kürze eine Darbietung von Modern Talkings »Geronimo's Cadillac« anhören müsste.

Ich überlegte, ob ich nicht einfach so tun sollte, als hätte ich ihn nicht gesehen, indem ich beispielsweise einen verstauchten Knöchel vortäuschte und für eine Minute hinter dem Desk verschwand. Das hatte ich schon Hunderte Male in diversen Baumärkten beobachtet, wenn ich mich mit fragendem Blick nach einem Verkäufer umsah. Funktionierte wunderbar. Mein Tauchmanöver würde dem Grafen die Gelegenheit geben, ungesehen auf sein Zimmer zu gelangen. Nachdem er bereits anderen durch die Finger geschlüpft war, würde man es auch mir nicht zum Vorwurf machen. Andererseits war das hier natürlich eine Gelegenheit, sich zu profilieren. Ich war der Neue und musste mir mein Standing erst erarbeiten.

Also fasste ich mir ein Herz, räusperte mich und sprach den Mann an: »Entschuldigen Sie bitte, Herr …« Mitten im Satz fiel mir auf, dass ich ja noch nicht mal seinen Namen kannte. Ich hätte mir nicht nur ein Herz fassen, sondern erst mal mein Hirn einschalten sollen. »Herr Gast von Zimmer ...« Wie war noch gleich die Zimmernummer gewesen? O Gott, ich wollte im Boden versinken. Was für ein Einstieg. Der Mann würde bestimmt gleich vor Ehrfurcht erstarren und mir seine gesamten Ersparnisse samt dem Geld, das er für die Geburtstage seiner Enkelkinder zur Seite gelegt hatte, auf den Tresen werfen. »Herr ... Herr Graf?«, stammelte ich hervor.

Der Mann kam auf mich zu. »Ja bitte, junger Mann?«

»Ich, ich wollte Sie nicht belästigen. Ich habe mich nur gefragt, ob Sie der Graf sind, von dem man sich hier im Hotel so viel erzählt.«

»Der bin ich wohl. Ich hoffe, man erzählt sich nur Gutes?«

Es war definitiv noch zu früh, um ihn damit zu konfrontieren, dass wir ihn enttarnt hatten.

»Nun, um ehrlich zu sein, wissen die Leute eigentlich nur, dass Sie hier wohnen. Aber seitdem Sie eingecheckt haben, hat Sie niemand mehr gesehen. Das macht Sie ziemlich mysteriös.«

»Man kann einem Mann Schlimmeres nachsagen, als mysteriös zu sein. Tatsache ist, ich habe einfach einen etwas anderen Tagesablauf als die meisten Menschen. Kann ich sonst noch etwas für Sie tun? Ich würde dann nämlich gerne auf mein Zimmer gehen.«

Aha! Du willst dich aus dem Staub machen. Würde ich auch wollen, wenn ich mehr Schulden hätte als Berlin. Aber nicht mit mir, Freundchen, dachte ich insgeheim.

Laut sagte ich dagegen: »Ich habe noch nie einen echten Grafen kennengelernt, und ich habe mich gefragt, ob Sie so freundlich wären, mir ein Autogramm zu geben.«

»*Pack sie bei der Eitelkeit*«, hatte meine Oma immer gesagt. »*Und dann pack sie bei den Eiern.*«

»Sie wollen ein Autogramm von mir?«

»Ja, wenn es Ihnen nichts ausmacht.«

Und wenn ich erst mal deinen richtigen Namen habe, dann wird sich gleich morgen früh die Polizei mit dir befassen, Freundchen. Das dachte ich mir selbstverständlich nur. Ha! Ich war ein Genie und würde bald nicht mehr der Neue, sondern derjenige sein, der den Betrüger überführt und dem Hotel einen fetten Verlust erspart hatte. Vielleicht würde sogar eine Prämie für mich rausspringen.

»Nun gut, wenn Sie möchten.«

Ich reichte dem falschen Grafen einen Kugelschreiber und sah zu, wie er das Blatt Papier, das ich ihm hinhielt, signierte. Mit triumphierendem Blick drehte ich das Blatt zu mir und sah mir den Namen an.

Oorntzahh Hrunaldff? Verdammt, was sollte denn das für ein Name sein? Der Mann musste mindestens fünf Doktortitel haben, um eine dermaßen unleserliche Handschrift hinzukriegen. Wenn irgendjemand mit dem Gekrakel zur Polizei ging, würde er damit höchstens erreichen, dass das halbe Revier vor Lachen gekrümmt unter den Tischen lag. Ich musste es mir eingestehen: Mein spontan ersonnener Plan war gut gewesen, aber leider gescheitert. Also blieb mir nichts anderes übrig, als in die Offensive zu gehen.

»Vielen Dank!«, sagte ich mit gekünsteltem Lächeln.

»Sehr gerne. Jetzt muss ich aber wirklich …«

»Ich … da wäre noch eine Sache.«

Der Graf drehte sich noch einmal zu mir um.

»Sie haben das wahrscheinlich nicht gewusst, und es konnte Ihnen auch niemand sagen, weil Sie ja niemand gesehen hat, aber in unserem Hause ist es üblich, seine Rechnungen zumindest im Wochentakt zu bezahlen.«

Er sah mich schweigend an.

Also fuhr ich fort: »Und nachdem sich gerade die Gelegenheit ergibt, würde ich Sie bitten, einen Teil Ihrer Rechnung zu begleichen.«

Er sah mich weiter an, ohne ein Wort zu sagen, und sein Blick verfinsterte sich.

»Also nur, wenn es Ihnen nichts ausmacht.«

Jetzt war es heraußen. Was würde er jetzt wohl tun, wo ihm klar sein musste, dass wir ihm auf die Schliche gekommen waren? Zur Tür hinausrennen und abhauen? In den Aufzug hechten und sich in seinem Zimmer verbarrikadieren? Oder sich auf mich stürzen und mich mit seinem monströsen Schnauzer ersticken, während er leise »Geronimo's Cadillac« summte?

Zu meiner Überraschung und auch Erleichterung tat er nichts dergleichen, sondern zückte tatsächlich sein Portemonnaie. In seinem Gesicht erkannte ich ehrliche Enttäuschung.

»Ihr seid doch wirklich alle gleich«, klagte er. »Euch geht es allen nur ums Geld. Geld, Geld, Geld. Die wahre Geißel der Menschheit. Niemand hat mehr ein Interesse daran, einfach das Richtige zu tun oder nett zu sein, oder hilfsbereit, ohne dass etwas für ihn dabei herausspringt.«

»Ja, da haben Sie recht, keine schöne Entwicklung. Aber ein Hotel wie dieses betreibt man üblicherweise nicht aus karitativen Gründen«, entgegnete ich.

»Wo Sie das gerade ansprechen, junger Mann, wissen Sie, warum ich ausgerechnet hier abgestiegen bin? Ich werde es Ihnen sagen. Weil es von hier nicht weit ist zu einer meiner Immobilien, die ich gerade zu einer Unterkunft für Obdachlose und sozial Benachteiligte umbauen lasse.«

Ja natürlich, wahrscheinlich lebte er normalerweise selber in einem Obdachlosenheim und wollte sich nur mal eine Auszeit in einem Luxushotel gönnen. Er konnte gerne an mein soziales Gewissen appellieren, aber ich würde hart bleiben.

»Das ist wirklich äußerst löblich, aber ich muss Sie dennoch bitten, zumindest einen Teil Ihrer Rechnung zu begleichen«, sagte ich.

Der falsche Graf schnaufte laut und zückte dann eine American-Express-Kreditkarte. »Also gut, wie viel bin ich schuldig?«

»Also für die erste Woche macht das …«

»Gesamt.«

Ich war erstaunt, rechnete dann aber schnell den Gesamtbetrag für seinen bisherigen Aufenthalt aus und tippte die Ziffern in das Kreditkartenlesegerät. Mir wurde schon beim Eingeben schwindelig. Für diesen Betrag könnte ich mir ein Jahr lang eine Auszeit nehmen und durch Südostasien reisen. Ich drehte das Gerät in seine Richtung und wartete gespannt darauf, was er jetzt tun würde.

Er schob seine Amex in den Schlitz. Määääp! Lesefehler. Noch mal. Määääp! Lesefehler. Was für eine Überraschung! Wer hätte das gedacht? Die Kreditkarte des Hochstaplers funktionierte nicht. Wahrscheinlich hatte er sie aus einem Scherzartikelgeschäft oder im Müll gefunden.

Der angebliche Graf kratzte sich nachdenklich an seinem Schnauzer. »Hmmm, das muss die sein, die mir letztens in den Champagner gefallen ist. Ist ihr wohl nicht so gut bekommen.«

Ja, na klar! Was kommt als Nächstes? Mein englischer Jagdhund mit direkter Erblinie zu König Artus' Rex-Calibur hat meine Kreditkarte gefressen?

»Probieren wir mal diese hier«, sagte er und zog eine Diners Club hervor. Sie sah aus, als hätte sie die letzten paar Millionen Jahre in einer Gesteinsschicht aus dem Mesozoikum geschlafen und wäre erst vor Kurzem bei Ausgrabungen ans Tageslicht befördert worden. Unnötig zu erwähnen, dass auch diese Karte nicht funktionierte. Sie war so verbogen und verschmutzt, dass sie nicht einmal in den Leseschlitz passte.

»Ach die, die ist mir unlängst zu Boden gefallen, und mein Chauffeur ist mit dem Benz drübergefahren. Ich sollte sie wohl mal austauschen lassen.«

Einfallsreich war er ja, das musste man ihm lassen. Und unverfroren. Ich begann schon zu schwitzen, wenn meine 6,80-Euro-Kartenzahlung bei McDonald's nicht beim ersten Mal funktionierte. Aber dieser Mann hier verzog keine Miene.

»Ja, austauschen wäre eine gute Idee«, erwiderte ich.

»Dann probieren wir mal die nächste«, sagte er ungerührt.

Ich machte eine abwehrende Handbewegung und sagte: »Herr Graf, das bringt doch nichts. Wenn Sie Ihre Rechnung momentan nicht bezahlen können, dann wenden Sie sich doch bitte gleich morgen an die Hotelleitung. Wir werden sicher eine Lösung finden.«

Mit einem Mal tat mir der Mann leid, und ich wollte ihm weitere Demütigungen durch Fake-Kreditkarten ersparen. Aber er bestand darauf, auch noch seine Visa Card auszuprobieren. Platinum natürlich. Also schob ich ihm das Lesegerät noch einmal hin. Diese Karte ließ sich immerhin in den Schlitz stecken. Ich wartete auf das Määääp!, das den Lesefehler signalisierte, aber es kam nicht. Stattdessen erhielt ich die Bestätigung, dass die Zahlung autorisiert war. Der gesamte Betrag. Der Mann musste eine Deckung wie ein Ölscheich haben.

Der Graf sah mir meine Verwunderung offenbar an und grinste. »Sie haben gedacht, ich könne nicht bezahlen, nicht wahr?«

Mir fiel auf die Schnelle keine Ausrede ein, also blieb mir nur mehr Offenheit. »Um ehrlich zu sein, hatte ich da so meine Zweifel, ja.«

»Na, dann freue ich mich, dass ich Ihre Zweifel hiermit ausräumen konnte.«

»Und Sie sind ein echter Graf?«

Er streckte mir die Hand entgegen und sagte: »Verzeihen Sie

bitte, ich habe ganz vergessen, mich vorzustellen. Otto Freiherr von Hagenblut.«

Wir schüttelten uns die Hände. Dann kramte er einen völlig zerknüllten 100-Euro-Schein aus der Brusttasche seines Hemdes und legte ihn mit den Worten vor mich: »Das ist für Sie.«

»Auf wie viel darf ich herausgeben?«

»Stimmt so.«

Ich steckte den Schein ein und bedankte mich für jeden einzelnen Euro mindestens ein Mal.

»Ach übrigens, das Schloss an Ihrem Hintereingang ist defekt. Den habe ich in den letzten drei Wochen täglich benutzt. Vielleicht möchten Sie das ja in Ordnung bringen lassen«, sagte der Graf schelmisch grinsend. »Ich wünsche Ihnen jedenfalls noch einen ruhigen Dienst.« Er tippte sich zum Gruß an die Schläfe und stieg in einen der Aufzüge.

Als ich meiner Chefin am nächsten Tag von meiner nächtlichen Begegnung mit dem Grafen erzählte, bekam sie eine fahle Gesichtsfarbe. »Der Graf war echt? Und du hast ihn so unter Druck gesetzt? Ach du Scheiße, das wird eine fette Beschwerde geben.«

Einige Wochen später kam tatsächlich Post vom Grafen an die Hotelleitung. Handschriftlich verfasst auf Büttenpapier und mit einem echten Wachssiegel versehen. So klischeehaft, wie man es sich nur vorstellen konnte. Doch darin befand sich keine Beschwerde, sondern ein fettes Lob für das Hotel und für mich.

The Walking Dead

Ich machte den Job als Nachtportier nun schon einige Zeit. Dabei musste ich feststellen, dass die größte Herausforderung nicht etwa das Erlernen der nötigen Skills war oder die Aufgabe, mir eine dicke Haut als Schutzschild gegen die Launen der besseren Gesellschaft wachsen zu lassen. Es war die Umstellung meines Tagesrhythmus. Hätten Sie mich vor dem Start meiner Karriere als Night Audit gefragt, ich hätte felsenfest behauptet, ohnehin schon ein Nachtmensch zu sein und dass der Job daher wie gemacht für mich wäre. Doch ich musste feststellen, dass es zwei Paar Schuhe waren, ob man gelegentlich im Morgengrauen Laternen umarmend heimkam oder mehrmals die Woche die ganze Nacht arbeitete.

In den ersten paar Wochen, in denen ich bis in die frühen Morgenstunden gearbeitet hatte, kam ich zwar hundemüde nach Hause, an Schlaf war aber trotzdem nicht zu denken. Es war taghell, was man dem Tag nicht wirklich zum Vorwurf machen konnte, mich aber doch stark am Einschlafen hinderte. Ich war »drüber«, hatte also den Zeitpunkt, um schlafen zu gehen, schon um so viele Stunden überschritten, dass mein Körper sich damit abgefunden hatte, keine Erholung mehr zu bekommen, und wieder Schub gab – wie ein Pilot, der seinen Landeanflug kurz vor dem Aufsetzen abbrechen musste, weil Bruce Willis gerade auf der Landebahn gegen Terroristen kämpfte. Ja, und dann war da natürlich noch die Tatsache, dass ich die ganze Nacht über Kaffee trank und der sich nun mal nicht genau dann aus meinem Blutkreislauf verabschiedete, wenn ich das wollte.

Ich verbrachte die Zeit bis Mittag hauptsächlich halb wach und halb tot, zitternd und schwitzend auf dem Sofa liegend und an die Decke oder in den Fernseher starrend. Wenn Sie das Vormittagsprogramm der meisten TV-Sender kennen, können Sie sich vermutlich denken, dass es eher die Decke war, an die ich schaute. Auch für andere Tätigkeiten wie Lesen, Essen oder einfach nur An-der-Nase-Kratzen war ich einfach zu kaputt. Am frühen Nachmittag, wenn sich der Großteil des Koffeins endlich in Leber, Niere und Blase verdünnisiert hatte, schlief ich dann meistens doch noch für zwei bis drei Stunden ein. Wobei ich zwischendrin immer wieder aus dem Schlaf aufschreckte, weil mein Herz raste wie nach einem Marathonlauf. Nicht, dass ich jemals einen Marathon gelaufen wäre, aber ich hatte einmal ein Interview mit einem Läufer im Zielraum gesehen. Und der hatte so ausgesehen, wie ich mich fühlte. Nach dem Erwachen war ich ein Zombie. Ausgeruht genug, um ein paar einfache Tätigkeiten wie Einkaufen und Kochen zu erledigen, aber geistig zu keinen höheren Leistungen imstande. Ich war an diesen Tagen meinem Hirnstamm äußerst dankbar, dass er das Atmen und den Herzschlag für mich übernahm.

Wissen Sie, was ein Busfahrer sagt, wenn er Sie an der Endstation, an die Sie niemals fahren wollten, in Ihrem Sitz wach rüttelt? Gar nichts! Er sieht Sie einfach nur mitleidig und vorwurfsvoll an und bleibt auf Distanz, damit die Läuse und der Schmutz, die er auf einem obdachlosen Säufer wie Ihnen vermutet, nicht auf ihn übergehen können. Dann deutet er mit dem Stock, mit dem er Sie geweckt hat, in Richtung geöffneter Tür. Es war dieser Tag, an dem ich mich entschloss, einen Arzt aufzusuchen und ihn um Rat zu bitten, wie ich die Umstellung meines Tag-Nacht-Rhythmus besser bewältigen könnte. Ich erzählte ihm von meinem Job, dem Zittern und dem Schwitzen, meinen Ein- und Durchschlafproblemen und den damit einhergehenden Folgen für den Rest des Tages. Als ich fertig war, blickte er mich ruhig an und sagte: »Lassen Sie den Kaffee weg. Sie haben offenbar eine Koffeinunverträglichkeit.«

Ein Nachtschichtler mit Koffeinunverträglichkeit. Nachdem wir fertig gelacht und ich die Praxis verlassen hatte, zog ich mein Handy aus der Tasche und öffnete meine App für Stellenanzeigen.

Die Boygroupgirls

*E*s war ein wunderschöner Tag im März. Viele Leute hatten ihre Winterjacken gegen Westen und Pullis getauscht, und manche ganz besonders Verwegene trugen sogar T-Shirts. Man konnte den Frühling in der Luft riechen, und alle waren guter Laune. Nur ich nicht. Heute war der Tag, an den ich bereits seit einer Woche mit Abscheu dachte. Eine weltberühmte Boyband samt Gefolge würde die Nacht bei uns verbringen. Ich stand mehr auf Musiker, die ihre Songs selbst schrieben und sich dann mit Gitarre, Schlagzeug und Mikrofon auf die Bühne stellten, um ihr eigenes Zeug zum Besten zu geben. Von gecasteten Teenieschwärmen, die ihre Lippen stumm zur Musik vom Band bewegten, die jemand anderer für sie geschrieben hatte, einstudierte Choreografien vorhampelten und Küsschen ins hysterisch kreischende Publikum warfen, hielt ich dagegen nicht besonders viel. Ich würde mich eher mit Schalke-Shirt in den Dortmund-Sektor setzen und, während man mir Prügel verabreicht, »Oh Happy Day« singen, als ein Konzert von solchen Marionetten zu besuchen.

Und jetzt hatte ich gleich fünf von denen eine ganze Nacht lang am Hals. Durften solche Bürschchen überhaupt schon ohne ihre Mamas in einem Hotel einchecken? Und wer wechselte denen eigentlich die Windeln, wenn sie auf Tournee waren? Ich sah es bereits deutlich vor mir: Ich würde im Viertelstundentakt in die Suiten der Jungs laufen und ihren Kuscheltieren Hummer servieren müssen, während mich ihre Manager zwangen, das Hemd auszuziehen, damit ihre Schützlinge auf meiner nackten

Brust mit dem Permanent Marker Autogramme üben konnten. Im Hintergrund würde ihre eigene Musik in Endlosschleife laufen, und sie würden verlangen, dass ich für jedes Bandmitglied zwanzig Spiegel besorgte und aufhängte, damit sie bei jedem Schritt und aus jedem Winkel ihre makellos gegelten Frisuren betrachten konnten. Aber was hätte ich tun sollen? Job war nun mal Job, und ich konnte mir leider nicht aussuchen, wer bei uns abstieg. Immerhin trug ich als kleinen privaten Protest unter meinem Hemd ein »Rage Against the Machine«-Shirt. Das konnte zwar keiner sehen, weshalb das ein ziemlich erbärmlicher Protest war, aber ich fühlte mich auf eine kindische Art besser dadurch.

Das Konzert begann schon gegen 19 Uhr. Klar, wenn die Lieblingssongs deiner Zielgruppe vor gar nicht allzu langer Zeit noch »Hänschen klein« und »Auf der Mauer, auf der Lauer« waren und deine Fans von Papi im Minivan zum Veranstaltungsort gebracht werden, legst du besser früh los. Wir erwarteten den Tross aus Band, Managern, Personal Assistants, Personal Hairstyling Assistants, Personal Skin Care Assistants und Personal Mirror Holders kurz nach 23 Uhr im Hotel. Wen wir nicht erwartet hatten, waren die circa 50 Kids, die irgendwie herausbekommen hatten, wo ihre Idole nächtigten. Und die waren bereits da, als ich um 22:30 Uhr zum Dienst erschien, und belagerten den Gehweg vor dem Hotel. Ich erfuhr später, dass die Ersten bereits mittags gekommen waren. Sie hatten offenbar keine Tickets für die Show bekommen und versuchten nun, auf die Art einen Blick auf die Band zu erhaschen, ein bisschen Dreck von deren Schuhsohlen zu ergattern oder vielleicht sogar von einem der Stars angespuckt zu werden und so ewige Glückseligkeit zu erlangen. Meine Kollegen hatten in der Zwischenzeit eine notdürftige Absperrung errichtet, damit wenigstens ein schmaler Weg für unsere Gäste und später die Band frei blieb. Ich ging extra durch den Haupteingang und kam mir, so von Fans umringt, selbst wie ein Rockstar vor – Rockstar, nicht Teenie-Boygroup-Poser, darauf lege ich Wert.

Die Band dürfte einige Zugaben gegeben und danach im Backstagebereich noch das eine oder andere Girlie begrapscht haben, denn die Fahrzeuge mit Bandmitgliedern und Geleit fuhren erst kurz vor Mitternacht vor. Die Ankunft hätte man auch dann nicht verpassen können, wenn man vor Jahrzehnten beim Erbauen unseres Hotels von der Mafia im Fundament einbetoniert worden wäre, so laut war das Gekreische der immer noch wartenden Teenies. Es gibt ja Stars, die lieber den Hintereingang nehmen, um nach der Show nicht auch noch bei der Ankunft im Hotel mit den Fans in Kontakt zu kommen. Aber diese Burschen gingen, ohne sich zu vermummen oder hinter Bodyguards zu verstecken, durch den Haupteingang. Sie lächelten, schüttelten Hände und nahmen sich viel Zeit für Autogramme auf die mitgebrachten CDs und die entgegengestreckte nackte Haut. Das gefiel mir, und meine Abneigung gegen sie klang ein wenig ab.

Als sie schließlich die Lobby betraten, waren gut 15 Minuten vergangen. Ich merkte, wie ich mich versteifte. Jetzt würde unweigerlich jemand auf mich zukommen, und ich musste freundlich lächeln, begrüßen, Hände schütteln, Anweisungen entgegennehmen und darauf achten, dass mein Protestshirt nirgendwo unter dem Hemd hervorschaute. Da legte sich eine Hand auf meine Schulter, und eine Stimme sagte: »Ich übernehme das schon.«

Es war meine Chefin. Was machte die um diese Zeit denn noch hier?

»Was machst denn du um diese Uhrzeit noch hier?«, fragte ich.

»Ich muss unsere prominenten Gäste persönlich begrüßen. Das ist mein Job«, sagte sie.

Sie trat ein paar Schritte vor in Richtung der Band, die gerade durch die Lobby ging. Hatte sie heute mehr Rouge aufgetragen als sonst, oder war sie tatsächlich etwas rot auf den Wangen? Von wegen »das ist mein Job«. Sie war ein Fan! Ich konnte es ganz deutlich sehen. Die gerötete Haut, das erwartungsvolle Lächeln, der unsichere Schritt, die unruhigen Hände. Gleich würde sie wie ein Schulmädchen zu kichern beginnen, sich die Bluse vom Leib reißen und um ein Autogramm auf den Busen betteln. Sie tat mir daher aufrichtig leid, als ich sah, dass die Band direkt auf die Aufzüge zusteuerte und nur einer der Manager auf sie beziehungsweise uns zukam. Aber sie war ein Vollprofi und steckte ihre sichtbare Enttäuschung augenblicklich weg. Sie begrüßte den Mann im Maßanzug, stellte sich selbst und das Hotel vor, sagte, wie sehr sie sich freue, dass sie so prominente Gäste begrüßen dürfe, bla bla, das übliche Gesülze eben. Egal, Hauptsache, sie ersparte mir das Geheuchle und …

»Und das hier ist unser Night Audit, Chris.«

Mir blieb fast das Herz stehen, als sie auf mich zeigte.

»Er wird sich die ganze Nacht lang um alles kümmern. Wenn Sie etwas wünschen, wenden Sie sich einfach vertrauensvoll an ihn«, ergänzte sie.

Ich brauchte einen Moment, um mich zu fangen, und sagte dann ebenfalls, wie sehr ich mich freue, solche Superstars betreuen zu dürfen, und versicherte, dass ich die ganze Nacht lang für sie da wäre und sehr gerne alle ihre Wünsche erfüllen würde. Ich konnte förmlich sehen und hören, wie sich Kurt Cobain im Grab umdrehte, zu mir heraufsah und summte: »I hate myself and want to die!«

Der Manager legte mir eine Hand auf die Schulter und blickte mich ernst an. Ich nahm seine Hand von meiner Schulter und blickte ihn ernst an. Der Mann stutzte kurz, setzte ein schiefes

Lächeln auf und sagte dann: »Vielen Dank für Ihr freundliches Angebot, aber ich brauche eigentlich nur zwei Dinge von Ihnen. Erstens: Die Boys und ein paar von der Crew wollen Pizza. Wäre nett, wenn Sie uns einen guten Laden in der Nähe empfehlen könnten.« Er zögerte kurz und fragte dann ernsthaft: »Es gibt in diesem Land doch Pizza?«

Nein, wir essen zum Frühstück, zu Mittag und zu Abend nur Sauerkraut, du ..., grollte ich innerlich.

»Kein Problem«, sagte ich. »Welche und wie viele Pizzen sollen es denn sein? Ich bestelle bei der besten Pizzeria der Stadt und werde sie persönlich in Ihre Suiten hinaufbringen.«

»Machen Sie sich keine Umstände. Ich schicke zwei meiner Jungs die Pizzen holen. Die Boys schätzen keinen Besuch vom Hotelpersonal.«

Na, was für ein Zufall, das beruhte ja dann auf Gegenseitigkeit. Das Personal schätzte einen solchen Besuch nämlich ebenso wenig. Also kramte ich kurz in meinen Sachen und gab dem Mann eine Visitenkarte der Pizzeria. Er bedankte sich und kam zu Punkt zwei.

»Es könnte, nein, es wird der Fall sein, dass man bei Ihnen anruft und verlangt, zu einem der Boys aufs Zimmer durchgestellt zu werden. Die Anruferinnen werden Ihnen alle möglichen Geschichten auftischen, warum sie nicht direkt auf dem Handy anrufen können. Von SIM-Karten, die im Ausland nicht funktionieren, über versehentlich gelöschte Kontaktspeicher bis hin zu Handys, die durch einen Schwall Fruchtwasser während der gerade laufenden Geburt einen Kurzschluss erlitten haben. Das Kind ist natürlich immer angeblich von einem der Boys.«

»Kein Scheiß?«, fragte ich.

»Kein Scheiß«, bestätigte der Manager. »Jedenfalls versteht es sich hoffentlich von selbst, dass keiner dieser Anrufe verbunden wird.«

»Selbstverständlich nicht.«

»Außer, die Anruferin kennt das Codewort.«

»Codewort?«

»Jeder der Boys nutzt auf Tour einen Codenamen. Der ist für den unwahrscheinlichen Fall, dass einer von ihnen wirklich einmal nicht am Handy erreichbar sein sollte. Diese Namen kennen nur die Familie und die gerade aktuellen Freundinnen.«

»Die werden sie dann wohl ziemlich häufig wechseln müssen, nehme ich an.«

»Sie glauben gar nicht, wie oft. Ich kann sie mir schon lange nicht mehr merken. Darum habe ich sie aufgeschrieben. Hier ist eine Kopie für Sie.«

Er drückte mir einen zweimal gefalteten A4-Zettel in die Hand.

»Nur, und wirklich absolut nur dann, wenn einer der Boys über einen dieser Codenamen angefragt wird, dürfen Sie verbinden. Klar?«

»Klar!«

»Und selbstverständlich sind sie topsecret. Kein Wort darüber zur Presse oder zu Freunden oder zu sonst irgendwem.«

»Selbstverständlich.«

»Gut.« Der Manager wirkte zufrieden. »Dann hätten wir ja alles geklärt. Vielen Dank für den Pizzeria-Tipp und einen ruhigen Dienst noch.«

Wir verabschiedeten uns, und ich wartete, bis er in den Aufzug gestiegen war. Dann, ziemlich genau eine Tausendstelsekunde nachdem die Türen sich geschlossen hatten, faltete ich den Zettel auf. Darauf standen genau fünf Zeilen, eine für jedes Mitglied der Band. Eingetragen waren dort jeweils der bürgerliche Name bzw. Künstlername und daneben der gerade aktuelle Codename. Als ich alles gelesen hatte, wusste ich nicht, ob ich lachen oder weinen sollte.

Wollen Sie die Codenamen wissen? Okay, ich verrate sie Ihnen. Schließlich sind Sie ja weder Presse, noch sind wir befreundet, und schon gar nicht sind Sie irgendwer! Also, die »Boys« nannten sich: Bad Bambi, Grandma's Apple Pie, Mr Magic Lover, Cherryblossom Boy und Lord Gaga.

Kein Scheiß, ich schwöre es, so nannten die sich wirklich! Ich meine, wie gerne würden Sie in einem Hotel anrufen und verlangen, zu Grandma's Apple Pie durchgestellt zu werden? Eher nicht so gern, würde ich meinen. Okay, man mag den Jungs zugutehalten, dass einem, wenn man sich alle paar Wochen einen neuen Codenamen überlegen muss, irgendwann die Ideen ausgehen. Oder man einfach keine Lust mehr hat und irgendetwas nimmt. Aber Bad Bambi? Ernsthaft? Und so jemand räumt Grammys ab.

Aber gut, ich schweife ab. Eigentlich geht es in dieser Geschichte ja um etwas ganz anderes. Nicht um die Band, nicht um den Manager, sondern um die Fans draußen vor der Tür. Die waren nämlich immer noch da. Ich war mir sogar ziemlich sicher, dass die Ansammlung vor dem Eingang noch größer geworden war. Da hatten wohl ein paar zu spät Wind von der Sache bekommen. Die Jugendlichen drückten immer noch ihre Nasen an die Scheiben links und rechts des Haupteingangs und hofften, irgendetwas zu sehen, das nach Boybandboy aussah. Es war bereits gegen 00:30 Uhr. Mussten die nicht langsam mal nach Hause? Wahrscheinlich hatten sie in guter alter Teenagertradition auch niemandem Bescheid gesagt, wo sie waren. Es gab also vermutlich überall in der Stadt Eltern, die sich gerade große Sorgen um ihre Kids machten. Oder hatten sie vielleicht alle behauptet, bei irgendwelchen Freunden zu übernachten, die behauptet hatten, bei Freunden zum Lernen zu sein, die wiederum angeblich zum Zocken bei anderen Freunden waren, und so weiter, bis kein Elternteil sich mehr auskannte und einfach davon ausging, dass schon alles passen würde?

Während ich so vor mich hin sinnierte und versuchte, das Netz aus vermeintlichen jugendlichen Notlügen zu entwirren, kam der Sturm.

Der wunderschöne frühlingshafte Tag war bereits vor einiger Zeit in einen wunderschönen frühlingshaften Abend und später in eine wunderschöne frühlingshafte Nacht übergegangen. Aber damit war es nun schlagartig vorbei. Der Winter meldete sich noch einmal zurück. Innerhalb weniger Minuten frischte es merklich auf, und Windböen pfiffen über die Köpfe der Kids hinweg. Einige von ihnen begannen zu kreischen. Die Kids, nicht die Böen. Man hätte meinen können, eine noch berühmtere Band wäre soeben vorgefahren. Doch das Kreischen war nur Ausdruck des schmerzlichen Verlusts der Autogrammkarten, für die sie so lange angestanden hatten und die der Wind nun weggeweht hatte. Und ihnen war einfach saukalt. Kein Wunder, die meisten trugen nur T-Shirts mit Bandmotiven und eine dünne Schicht Edding auf der Haut, wo die Boys unterschrieben hatten. Und dann begann es auch noch zu graupeln. Der Wind peitschte den Teenies die eisigen Körner ins Gesicht, und sie drängten sich zitternd zusammen. Es war ein Wetter, bei dem man keinen Hund, ja nicht einmal einen Boybandfan vor die Tür jagen würde. Und dann begann es zu schneien. So richtig schön dicht, wie man es sich im Skiurlaub wünscht. Binnen einer Minute waren Straße, Gehweg, Autos und zig Teenager mit einer Schneeschicht bedeckt. Ich sah das alles von meinem wohlig warmen Frontdesk aus und fragte mich, wieso sie nicht einfach rasch heimgingen. Gut, es war spät, und die öffentlichen Verkehrsmittel fuhren nicht mehr, aber ruft euch doch bitte ein Uber, bevor ihr erfriert! Doch Teenager und Logik passen nun einmal so gut zusammen wie Kanye West und Bescheidenheit. Also ging ich zum Eingang, öffnete die Türen und rief hinaus: »Kommt herein, euren CDs wird's sonst zu kalt!«

Sie nahmen das Angebot dankbar an und strömten in die Lobby. Streng genommen war das, was ich da tat, gegen die Regeln. Niemand außer zahlenden Gästen hatte hier drinnen etwas verloren. Und es war meine Aufgabe als Nachtportier, dafür zu sorgen, dass genau das nicht passierte, was gerade passierte. Aber was hätte ich denn tun sollen? Okay, die Teenies hatten vielleicht einen grauenhaften Musikgeschmack, aber deshalb konnte ich sie nicht bei diesem Sauwetter draußen stehen lassen. Innerhalb weniger Minuten war der gesamte Eingangsbereich mit bibbernden und durchnässten Jugendlichen gefüllt. Ich sah mir die Meute an. Es müssen so um die fünfzig gewesen sein. Der Schneesturm hatte ihnen ziemlich zugesetzt. Sie waren zwar nur einige Minuten im Sturm draußen gewesen, doch ich machte mir ernsthaft Sorgen um ihre Gesundheit. Einige husteten bereits. Ich bat die einzigen Burschen in der Menge, es waren ganze vier, mit mir zu kommen. Wir gingen in den Lagerraum der Zimmermädchen, holten Handtücher und Decken und verteilten sie an die unterkühlte Menge. Dann rief ich in der Küche an und bestellte zwanzig Kannen Tee und alle Pappbecher, die sie auftreiben konnten.

»Ja, zwanzig. ZWANZIG! Genau, Zwei und Null. Danke.«

Ich verstand schon, dass die Kollegen ein wenig verwirrt waren. Es war doch eine etwas ungewöhnliche Bestellung für diese Uhrzeit. Eigentlich auch zu jeder anderen Uhrzeit. Hätte ich zwanzig Flaschen Whisky geordert, niemand hätte mit der Wimper gezuckt. Als der Tee kam, stürzten sich die Kids darauf, als hätten sie kurzärmelig im Freien gestanden und wären dann auch noch von einem Schneesturm überrascht worden. Ich wartete eine Weile, bis das Klappern der Zähne leiser geworden war. Dann kletterte ich auf meinen Empfangsdesk und begann laut zu sprechen: »Hört mir bitte alle einmal zu. Das hier ist keine Dauerlösung. Ihr könnt hier nicht lange bleiben. Holt euch jetzt bitte ein Taxi oder ein Uber oder ruft eure Eltern an, damit sie euch abholen kommen. Wer kein Handy mit oder keinen Akku mehr hat, kann das Telefon hier vorne bei mir verwenden.«

Niemand rührte sich, und niemand griff zu seinem Handy. Nur ein Mädchen mit verwischter Schminke machte einen Schritt auf mich zu. Sie wurde sofort von ihrer Freundin am nassen Shirt zurückgezogen. Offenbar hatte niemand Lust, so schnell von hier zu verschwinden. Waren es die Nähe zu ihren Idolen und die Hoffnung, sie doch noch einmal zu Gesicht zu bekommen? Oder wollten sie einfach den Zeitpunkt, an dem ihre Eltern erfuhren, wo sie wirklich waren, und den damit verbundenen, unvermeidlichen Anschiss so lange wie möglich hinauszögern? Egal, sie konnten nicht hierbleiben.

»Nicht alle auf einmal, bitte«, sagte ich. Zwei oder drei Mädels kicherten. Okay, ich gebe zu, der war auch wirklich alt und lahm.

»Leute, ihr könnt hier nicht bleiben. Und ich versichere euch, die Band bleibt die ganze Nacht oben in ihren Suiten, das hat mir ihr Manager schon mitgeteilt«, log ich. »Es gibt also keinen Grund mehr, noch länger hierzubleiben. Es kommt niemand mehr.«

Bing! Ein Aufzug kam in der Lobby an. Fünfzig Köpfe fuhren herum und drehten sich in Richtung des Geräuschs. Die Türen öffneten sich, ebenso wie fünfzig Münder, und ein ohrenbetäubendes Gekreische erfüllte in freudiger Erwartung den großen Raum. Ich spähte von meiner erhöhten Position auf dem Tresen über die Köpfe der Teens hinweg und sah eine ältere Dame verängstigt aus dem Aufzug in die vom Kreischen verzerrten Gesichter starren. Ich glaubte, in ihr eine Hälfte des älteren Ehepaars von 301 zu erkennen, das seit drei Tagen bei uns wohnte. Aber ganz gleich, wer sie war, sie war kein Bandmitglied, nur das zählte. Andernfalls hätte ich die Bande nicht einmal mit der Antiterroreinheit wieder aus meinem Hotel gebracht. Die Dame jedenfalls verließ den Aufzug nicht, sondern hämmerte, so schnell sie nur konnte, auf den Schließen-Knopf und fuhr wieder nach oben.

»Seht ihr, keine Band«, rief ich in Richtung Menge, als das Gekreische abgeklungen war. »Das war nur ein ganz normaler Gast. Die Band lässt sich nicht mehr blicken. Bitte ruft jetzt zu Hause an.«

Dann wartete ich ein wenig, denn ich wusste, ich würde in Kürze einen Anruf erhalten. Vor meinem geistigen Auge sah ich die Dame aus dem Aufzug zurück zu ihrem Zimmer laufen, um ihrem Mann von der Meute kreischender Teenager in der Lobby zu erzählen.

Ungefähr zwei Minuten später läutete mein Telefon. »Ja, das ist mir bewusst«, sagte ich. »Ich weiß, ich habe sie selbst hereingelassen. Ja, das tut mir leid. Nein, Tattoos sind heute ganz normal. Ich denke nicht, dass sie bewaffnet sind. Nein, selbstverständlich nicht. Der Sturm wird hoffentlich nicht die ganze Nacht dauern. Natürlich, so schnell wie möglich. Entschuldigen Sie bitte. Danke, danke sehr.«

Nachdem ich aufgelegt hatte, winkte ich noch einmal zur Menge. »Los geht's. Kommt her oder zückt eure Handys, aber ruft zu Hause an, bevor ihr noch mehr Gäste erschreckt oder die Band stört. Die kommen dann nie wieder in unsere Stadt.« Okay, das war gemein, aber es schien zu wirken. Zumindest redete ich mir das ein. Vielleicht war es auch einfach nur Resignation. Egal, Hauptsache, die ersten Kids setzten sich in Bewegung und trotteten in Richtung Telefon. Die meisten begannen, auf ihren Touchscreens herumzutippen. Ich ging durch die Menge und sah ihnen dabei zu, um meiner Aufforderung, das Hotel zu verlassen, mehr Nachdruck zu verleihen. Ich sah hier eine Taxi-App, dort die Uber-App und immer wieder mal »Mama« oder »Papa« in den Kontakten.

»Hey, mach sofort Candy Crush zu und ruf dir ein Taxi!«, forderte ich eine der jungen Damen auf.

Ich konnte zwar nicht hören, was die Mütter und Väter am anderen Ende der Leitungen sagten, aufgrund der Mienen der Anrufer und anhand ihrer Antworten konnte ich es aber ungefähr erahnen. Es war die zu erwartende Mischung aus Erleichterung und Ärger. Und es dauerte auch nicht lange, da stürmten bereits die ersten Eltern die Lobby. Einige umarmten ihre Kinder und hatten Tränen in den Augen. Andere zerrten ihren Nachwuchs ohne ein Wort hinaus zum parkenden Auto. Und dann gab es noch die, die nicht so lange warten wollten und direkt mit der Standpauke loslegten. Von überall flogen Wortfetzen zu mir rüber. »Vertrauen missbraucht«, »Internat«, »nie wieder«, »Hausarrest«, »Scheißband« und so weiter.

Sosehr ich dem letzten Wortfetzen auch inhaltlich zustimmte, so nahm ich mir dennoch vor, selbst niemals so zu werden. Ja, ihre Kinder waren ausgebüxt, um ihrer Lieblingsband nahe zu sein. Aber sie hatten ja niemanden umgebracht, und das Wichtigste: Sie waren wohlauf. Das Drama, das manche Eltern veranstalteten, war definitiv übertrieben. Aber ich mischte mich natürlich nicht ein. Einige der Eltern waren so in Fahrt, dass sie glatt dazu imstande gewesen wären, auch mir Hausarrest zu verpassen. Und ich hatte am Wochenende schon etwas vor. Einige Mütter und Väter bedankten sich, bevor sie das Hotel wieder verließen, aber die meisten rauschten ab, ohne ein Wort in meine Richtung zu verlieren.

Es war ungefähr 3 Uhr früh, als der Eltern-, Taxi- und Uber-Strom abriss. Um diese Zeit saßen immer noch an die zwanzig Kids, in Decken gehüllt, auf dem Boden der Lobby, tranken heißen Tee und hörten leise Musik. Sie hatten angeblich entweder keinen Akku mehr oder kein Geld für eine Taxifahrt oder konnten zu Hause niemanden erreichen. Oder alles zusammen. Ich hatte so meine Zweifel, ob das alles der Wahrheit entsprach, aber was hätte ich tun sollen? Draußen tobte der Schneesturm noch heftiger als zuvor und hatte die Straßen in eine Winterlandschaft verwandelt. Undenkbar, da jetzt hinaus und nach Hause zu gehen. Abgesehen davon war es nun auch einfach zu spät. Also sagte ich allen Verbliebenen, dass sie hier übernachten könnten. Decken waren nun mehr als genug für alle da, und so errichteten die Boygroupgirls ein Lager in meiner Lobby. Die wenigen Gäste, die um diese Uhrzeit noch ein und aus gingen, schlängelten sich zwischen den Körpern hindurch und hatten größtenteils Verständnis für die Situation.

Um kurz nach 3:30 Uhr machte der Aufzug plötzlich wieder »Bing«. Dieses Mal gab es jedoch kein Gekreische, und fast niemand sah hin. Dabei hätte es sich in diesem Fall wenigstens ein bisschen gelohnt. Es war jemand aus dem Tross der Band. Das war natürlich nicht ganz so toll wie ein Bandmitglied selbst, aber wenn man die Begegnung ein wenig ausschmückte, konnte man damit im Freundeskreis sicher auch punkten. Der Mann kam, um persönlich ein paar simple Schinken-Käse-Toasts und Limos für seine Leute zu bestellen. Und er wartete auch, um sie dann selbst hinauf zu den Suiten zu bringen. Sie wissen ja, Hotelpersonal war bei der Band nicht gerne gesehen. War mir nach wie vor recht.

Während der Mann wartete, erklärte ich ihm, warum zwanzig Fans in der Lobby übernachteten. Ich erwartete eigentlich Unmut, aber er nickte nur verständnisvoll und stieg dann mit einem Servierwagen voller Toasts und Limo wieder in den Aufzug. Ungefähr zwanzig Minuten später kam er noch einmal herunter in die Lobby. Dieses Mal waren er und der Servierwagen voll bepackt. Er ging direkt zu den Fans und sagte: »Euch muss ja kalt sein. Hier, nehmt die.« Und dann tat er etwas, das mein Bild von dieser Band für immer veränderte. Er verteilte T-Shirts und Hoodies der Gruppe an alle, die noch wach waren. Und die waren nicht etwa noch in Plastikbeuteln eingeschweißt. Alle waren ausgepackt, und auf jedem einzelnen Kleidungsstück hatten alle fünf Bandmitglieder unterschrieben. Die Begeisterung war entsprechend groß, und auch ich fand diese Geste einfach großartig.

Eingehüllt in ihre nagelneue Merchandisingbekleidung, schliefen schließlich auch die letzten Fans ein. Die Band und ihr Anhang hatten keine weiteren Wünsche. Ich musste keine Kuscheltiere bedienen, und auch die Signierübungen auf meiner nackten Brust blieben mir erspart. Und so verlief der Rest der Nacht ruhig. Der Sturm flaute ab, und als der Morgen graute, versprach es wieder ein wunderschöner Tag zu werden. Als die ersten meiner unfreiwilligen Gäste aufwachten, bestellte ich Frühstück für alle. Wir hatten damals ziemlich oft ganze Flugzeugbesatzungen als Gäste, für die standardmäßig Frühstück vorbereitet wurde. Die Crews schliefen jedoch meist lieber länger und aßen dann im Flugzeug einen Happen. Also blieb häufig jede Menge erstklassiges Essen unangetastet übrig. Das ließ ich heute meinen jungen Gästen zugutekommen.

Mit Brötchen und Croissants im Mundwinkel starteten die Kids dann die nächste Runde des allseits unbeliebten Spiels »Ruft eure Eltern an oder holt euch endlich ein Taxi«. Zumindest jene, die jemanden zum Anrufen hatten und das auch tun wollten. Die anderen verließen das Hotel alleine und zu Fuß. Wahrscheinlich in der Hoffnung, irgendwie unbemerkt in ihre Zimmer schleichen und so tun zu können, als wäre nichts gewesen. Das Wetter war wieder gut, und sie hatten ja ihre neuen Pullis, also machte ich mir um sie keine Sorgen. Kurze Zeit später kamen dann die letzten Eltern, um ihre Sprösslinge abzuholen. Es gab wieder das gleiche Bild wie in der Nacht zuvor: Erleichterung, Ärger, Gezeter. Ein Vater war so in Rage, dass er sich, nachdem er seine beiden Töchter dermaßen zur Sau gemacht hatte, dass sie nur noch weinten, auch noch an mich wandte, um weiter Dampf abzulassen.

»Sie! Was haben Sie mit meinen Töchtern gemacht?«, schrie er mich an.

»Ich habe sie vor dem Erfrieren gerettet und ihnen Frühstück serviert, damit sie fit sind für den lebenslangen Hausarrest«, antwortete ich.

Das brachte den Mann noch mehr in Fahrt. »Kommen Sie mir jetzt bloß nicht frech. Ich mach Sie fertig! Ich verklage Sie wegen Freiheitsberaubung von Minderjährigen. Sie hören von meinem Anwalt!«

Statt auch nur daran zu denken, sich zu bedanken, kam er mir jetzt mit dem Anwalt? Mir reichte es.

»Einen Moment noch bitte«, sagte ich und ging zu meinem Desk. Kurze Zeit später kam ich zurück und drückte ihm einen Zettel in die Hand. »Ich wäre Ihnen sehr verbunden, wenn Sie auf dem Weg zu Ihrem Anwalt bei einer Bank vorbeifahren könnten. Zahlungsziel ist in unserem Haus eine Woche«, sagte ich.

Der Mann starrte auf die Rechnung, die ich ihm ausgestellt hatte. Übernachtung, Tee und Frühstück für zwei Personen in unserem Fünfsternehotel. Für diese Summe hätte die Familie zwei Wochen Urlaub buchen können. Noch nie hat ein Gast unser Hotel so schnell verlassen wie dieser Mann.

The nicht mehr Walking Dead

Nach meiner Koffeinunverträglichkeits-Diagnose dachte ich einige Tage lang ernsthaft darüber nach, den Job zu wechseln. Es war für mich unvorstellbar, die langen Nächte ohne die Hilfe von Kaffee zu überstehen. Wir Night Audits hatten schließlich nicht ohne Grund das Recht auf einen doppelten Espresso täglich in unserem Arbeitsvertrag stehen. Klar gab es auch Dienste, in denen mich die Gäste so auf Trab hielten, dass an Schlaf ohnehin nicht zu denken war. Aber meistens gab es dazwischen immer wieder mal relativ ruhige Phasen, die lange genug waren, um mich schläfrig werden zu lassen. Und in denen war ich auf den Energiekick des braunen Gebräus angewiesen, das in unserem Haus übrigens äußerst köstlich war. Ein Jobwechsel schien mir daher unumgänglich. Die Sache war nur die: Ich war gerne Night Audit. Es gefiel mir, in der Nacht die Verantwortung zu tragen und Dinge im Alleingang zu managen. Ich machte gerne meine Rundgänge, um nach dem Rechten zu sehen. Und ich hatte Freude daran, auch zu unmöglichen Uhrzeiten, Unmögliches möglich zu machen. Also ließ ich die Stellensuche nach einiger Zeit wieder bleiben und suchte stattdessen nach anderen Möglichkeiten, die Nacht zu überstehen, ohne dass mir um 3 Uhr früh der Kopf auf den Frontdesk knallte und ich den nächsten Gast mit einer fetten Beule auf der Stirn begrüßen musste.

Ich fragte herum, ich recherchierte, ich probierte, und ich bekam Tipps. Letztere waren durch die Bank, nun ja, sagen wir von fragwürdiger Qualität. »Schütte dir den heißen Kaffee über die Hose, statt ihn zu trinken, das hält auch wach« und »Ich kenne da einen guten Koksdealer, wenn du willst« waren noch die besten. Aber ich war ja selbst schuld. Wieso fragte ich auch die Leute in meiner Stammkneipe?

Meine damalige Freundin brachte da schon Seriöseres zutage. So erfuhr ich, dass Lachen aufgrund der erhöhten Serotoninausschüttung gegen Müdigkeit helfen soll. Interessant, aber nicht wirklich hilfreich. Meine Gäste waren selten zu Scherzen aufgelegt und schätzten es vermutlich auch nicht, wenn ich sie mit den Worten »Herzlich willkommen! Ach übrigens, kennen Sie den schon?« begrüßte. Schmerzen sollen auch wach halten. Wenn man von den gelegentlichen Gesangseinlagen des Wachmannes absah, war mein Job eigentlich ziemlich schmerzfrei. Und meine masochistische Ader beschränkte sich auf die Liebe zu einem Fußball-Drittligisten. Musik? Fiel auch flach. Lautes Hören war selbstverständlich untersagt, und Kopfhörer wollte ich nicht heimlich benutzen. Breaking News: Hotel abgebrannt, weil Nachtportier Alarm nicht hörte. Nein, auf diese Schlagzeile hatte ich wirklich keine Lust. Minzöl habe ich probiert. Meine Haut unter den Nasenlöchern ist heute noch gerötet.

»Probier es doch mal mit regelmäßigem Sport«, schlug meine Holde vor. »Das soll auch helfen.« Bei dem S-Wort zog es mir die Eingeweide zusammen. Alles, nur das nicht. Da rammte ich mir noch lieber zu jeder vollen Stunde die Kugelschreiberspitze in die Hand, um doch die Schmerzvariante auszuprobieren. Nicht, dass ich Sport grundsätzlich nichts abgewinnen konnte, aber ich war einfach mehr der Passivsportler. Neunzig Minuten Fußballspielen waren etwas Tolles, solange man mit einem Bier in der Hand dabei zusah.

Nachdem das Buch hier noch nicht zu Ende ist, können Sie sich wohl denken, dass ich doch einen Weg gefunden habe, in meinem Job weiterzumachen. Was dann letzten Endes geholfen hat, war Licht. Darauf bin ich natürlich nicht selbst gekommen. Wäre ja viel zu einfach gewesen. Ich las darüber in einem Artikel, über den ich zufällig gestolpert war. Ab sofort schaltete ich stets alle verfügbaren Lampen an meinem Arbeitsplatz ein, bis er strahlend hell erleuchtet war. Früher hatte ich im Halbdunkel gesessen und auf mein Handy gestarrt, wenn gerade Flaute war. Wenn man jetzt nachts die Lobby betrat, sah es ein wenig so aus, als wäre ich die Hauptattraktion in einem Zirkus, auf die gerade alle Scheinwerfer gerichtet waren. Außerdem kaufte ich mir eine große Tageslichtlampe. Tolles Ding, sage ich Ihnen. Kostet zwar ein kleines Vermögen, aber ist jeden Cent wert. Du schaltest sie ein, schaust hinein, und irgendwie geht in dir die Sonne auf. Du wirst schlagartig wacher, und auch deine Mundwinkel gehen nach oben. Die Dinger gibt es mittlerweile in strom- und platzsparenden LED-Ausführungen. Sehr zu empfehlen, wenn man die Nacht zum Tag machen muss, und übrigens auch, um in unseren Breitengraden halbwegs depressionsfrei durch den Winter zu kommen.

Ich hörte auch auf, mir um Mitternacht fette Burger und Pizza reinzuziehen, und stieg auf leichtere Kost um. Joghurt, Salat, Obst, Vollkornbrot, so ein Zeug halt. Ich will jetzt hier wirklich keine Ratschläge à la »Wie Sie in nur einer Nacht den Schwimmreifen der letzten dreißig Jahre loswerden« abgeben. Aber diese Ernährungsumstellung hatte nicht nur zur Folge, dass ich nicht mehr ins Schnitzelkoma fiel, sondern ich nahm auch ein paar Kilos ab. Wenn ich dann frühmorgens heimkam und mich zu meiner Freundin ins Bett legte, bevor sie zur Arbeit ging, dann war ich nicht komplett gerädert, sondern einfach nur ganz normal müde. Und manchmal reichte die Energie sogar noch für ein wenig gemeinsamen Sport.

Die Delegation

Es gibt Sätze, die höre ich nicht besonders gern, da sie beinahe immer Ärger bedeuten. Am schlimmsten sind dabei jene Sätze, die mit »Du bist mir persönlich dafür verantwortlich, dass« beginnen. Sie können sich also vorstellen, dass ich wenig erbaut war, als meine Chefin mir eines Tages ein Briefing für die Nachtschicht gab, das vor Du-bist-mir-persönlich-dafür-verantwortlich-dass-Sätzen nur so strotzte. Wir hatten Gäste aus, na sagen wir einfach aus einem nichteuropäischen Land, in dem es um die persönliche Freiheit nicht so gut bestellt ist. Sie waren für Verhandlungen über irgendwelche Waffengeschäfte angereist. Das wusste ich selbstverständlich nicht offiziell, sondern von einem der Zimmermädchen, das es von einem Kellner wusste, der es wiederum im Vorbeigehen bei einem der Tische aufgeschnappt hatte. Es hätte sich also in Wahrheit auch um Verhandlungen über eine Unterwäschelieferung handeln können. Spielt aber eigentlich auch keine Rolle, denn Waffengeschäfte klingen einfach besser, und wenn du mit deiner Story punkten willst, dann trägst so dick auf wie nur möglich.

Da waren also diese Waffenhändler, ach was, Atomwaffenhändler. Hohe Tiere mit besten Kontakten zur Führungsspitze. Es muss um viel Geld gegangen sein, denn man sagte mir, ich solle den Mitgliedern der Delegation so viel Bargeld aushändigen, wie sie verlangten. Ich war persönlich verantwortlich dafür, dass sie stets liquid blieben. Ich sollte sie mit so viel Speisen und Getränken versorgen, wie sie wollten, und ihnen keine Bestellung in Rechnung stellen. Ich war persönlich dafür verantwortlich, dass sie stets satt und keinesfalls durstig waren. Und auch sonst sollte ich einfach alles tun, was sie verlangten. Ich war persönlich dafür verantwortlich, dass sich die Herrschaften rundum wohlfühlten. Ihr Geschäftspartner hierzulande würde für alle Unkosten aufkommen.

So weit, so gewöhnlich. Wir hatten laufend Gäste, für die alle Kosten von irgendjemand anderem übernommen wurden und die das auch entsprechend ausnutzten. Aber: »Du bist mir persönlich dafür verantwortlich, dass die gesamte Delegation um 4:30 Uhr im Taxi zum Flughafen sitzt und den Jet zurück in die Heimat erwischt.« Das konnte unangenehm werden. Gäste schätzen es generell nicht, wenn ihnen das Hotelpersonal Vorschriften macht oder sie gar aus den Betten holt. Wir hatten einmal einen Kellner, der von einem Gast dermaßen zur Sau gemacht worden war, dass er danach kündigen wollte. Dabei hatte er die Dame nur höflich darauf aufmerksam gemacht, dass man den Hummer üblicherweise nicht mit dem Sektkübel zertrümmert. Gäste stehen stets auf dem Standpunkt, sie wären Könige, und das Management bestärkt sie auch noch fleißig darin. Ich bin ja eher der Meinung, ein Gast ist Gast, nicht mehr und nicht weniger. Aber meine Ansicht hat sich bisher noch nicht so wirklich durchgesetzt.

Ich sollte also Mutti spielen und meinen vier Jungs morgens sagen, dass sie sich beeilen mussten, sonst würden sie zu spät zur Schule kommen. War nicht meine liebste Aufgabe, aber immerhin musste ich sie nicht auch noch kämmen und darauf achten, dass sie sich brav die Zähne putzten. Ich sah zu diesem Zeitpunkt kein großes Problem darin, die vier Typen frühmorgens aus ihren Betten zu holen. Immerhin hatte ich die Möglichkeit, ihr Telefon ganz bequem von meinem Desk aus so lange läuten zu lassen, bis sie gar nicht mehr anders konnten, als ihre Decken beiseitezuschieben und aus den Federn zu kriechen. Kaum jemand hatte meinem Klingelsturm jemals länger als ein paar Minuten standgehalten. Nicht einmal ein gewisser schwerhöriger Rockstar mit einer starken Neigung zu harten Drogen.

Es war kurz nach meinem Dienstbeginn, als bereits die ersten Bestellungen eingingen. Unsere äußerst gut bestückte Minibar war dem Durst der Männer offenbar schon zum Opfer gefallen. Das wunderte mich zwar, denn sie war vom Typ »Fass ohne Boden«, Modell »Harald Juhnke«, und reichte normalerweise für den durchschnittlichen bis großen Durst. Aber gut, wenn man gerade genügend Waffen gekauft hatte, um die eigene Bevölkerung für die nächsten dreißig Jahre von der Unfehlbarkeit des aktuellen Machthabers zu überzeugen, dann gab es natürlich erhöhten Feierbedarf.

Ich schickte eine Flasche Champagner nach oben und kurz darauf dann schon die zweite und dritte. Natürlich bestellten sie nur die teuersten, allesamt aus der Dafür-muss-ich-einen-Monatlang-arbeiten-Liga. Diese Leute wussten ganz offensichtlich, dass sie der Spaß nicht einen Cent kosten würde. Es folgte eine Flasche Single-Malt, ebenfalls erster Klasse. Ich war mir zwar nicht ganz sicher, wie man ihn auf Gälisch korrekt aussprach, aber der Preis verschlug mir ohnehin die Sprache. Nach den darauffolgenden zwei Flaschen Wodka (ohne Red Bull) begann ich mir langsam Sorgen zu machen. Wollten diese Leute nicht wenigstens mal etwas dazu essen, und zwar etwas möglichst Deftiges? Hatten die keine Mütter, die ihnen als Jugendlichen beigebracht hatten, stets für eine gute Grundlage vor dem Ausgehen zu sorgen? Also meine hatte immer darauf bestanden, und es hatte stets geholfen. Danke, Mama! Und schon wieder kam eine Bestellung rein. Noch eine Flasche Schampus. Auch wenn sie nur einen Teil von dem tranken, was sie bestellten, und sich mit dem Rest ein Fußbad einließen, würde ein ordentlicher Rausch dabei rauskommen müssen. Es wurde später und später, und die Bestellungen hörten einfach nicht auf.

Schließlich legte ich mir einen Plan zurecht, einen Klingelplan, den ich »Aufziehender Sturm« taufte. Ich würde um 3:30 Uhr, also eine Stunde vor der Deadline, einmal ganz dezent bei den Herren durchklingeln, die erste zarte Brise. Ich rechnete nicht damit, dass jemand reagieren würde, doch ich wollte mir nicht vorwerfen lassen, dass ich es nicht versucht hätte. Darauf würde das Lüftchen folgen, ein dreiminütiges Dauerklingeln. Im Anschluss würde ich es erst fünf, dann zehn und schließlich fünfzehn Minuten klingeln lassen. Der Wind, der Sturm und schließlich der Orkan. Und während ich so meine Pläne schmiedete, kam noch eine Bestellung über zwei Flaschen französischen Rotweins herein, für die ich mir den Eiffelturm kaufen und bei mir zu Hause als Antenne aufs Dach hätte montieren lassen können. Vielleicht würde ich dann endlich besseren Handyempfang haben.

So langsam bekam ich es mit der Angst zu tun. Ich war schließlich persönlich dafür verantwortlich, dass ... Sie wissen schon. Und diese Typen taten einfach alles dafür, dass ich meiner Verantwortung nicht würde nachkommen können. Ich sah mich schon strafversetzt zu ... okay, tiefer als Nachtportier konnte man nicht sinken, aber alleine die Schmach des Versagens. Womöglich würde ich selbst Gegenstand der nächsten Erzählung unter den Kollegen werden, die im Rauchereck den Titel »Best Story« einheimsen würde. Man wusste nie, wer alles zusah. Ich war nicht der Einzige, der nachts Dienst schob. Nein, meine Herren, nicht mit mir. Nicht, wenn ich es verhindern konnte. Aber was sollte ich tun? Den Schnapsdrosseln den Hahn zudrehen war nicht drin. Immerhin war ich persönlich verantwortlich, dass ... Ich war ratlos. Doch dann öffneten sich die Hotelpforten, und herein kam meine Rettung: Prostituierte.

Zwei der Mädels kannte ich sogar von früheren Besuchen in unserem Etablissement, die restlichen sechs waren mir unbekannt. Doch das war nicht wichtig. Wichtig war, dass die Ladys die Burschen oben in ihren Zimmern wach halten würden. Die ganze Nacht bis 4:30 Uhr. Das war schließlich ihr Job, und sicher kamen sie nicht, um die Herren in den Schlaf zu streicheln. Das hoffte ich zumindest. Man konnte ja nie wissen, welchen Neigungen die Herren frönten. Aber ich war zum ersten Mal seit Stunden wieder zuversichtlich. Ich würde vermutlich nur einmal kurz klingeln müssen, und die Truppe würde kurze Zeit später von den Damen herunter und in ihr Taxi einsteigen. Ich konnte mir ein zufriedenes Grinsen nicht verkneifen und winkte der Stilettokompanie freundlich zu, als sie in den Aufzug stieg.

Die Bestellungen gingen ungebremst weiter. Nur eben jetzt für zwölf Personen. Die Gesamtkosten hatten längst mein Jahresgehalt in den Schatten gestellt. Kaum hatte ich eine Flasche nach oben geschickt, läutete schon wieder das Telefon. Ich hätte an der Aussprache nicht beurteilen können, wie betrunken die Personen bereits waren. Denn ihre Sprache verstand ich nicht, und sie klang für mich auch in nüchternem Zustand schon etwas beschwipst. War das jetzt ein Lallen, oder wolltest du mir gerade einen Schwank aus deinem Leben erzählen, mein Freund? Egal. Ich konzentrierte mich einzig darauf, den Namen des gewünschten Getränks aus dem Kauderwelsch herauszuhören. Blablablabla-Champagnerblablablathankyou. Das funktionierte offenbar recht gut, denn ich bekam keine Beschwerden zu hören. Vielleicht lag es aber auch einfach nur daran, dass die Truppe in ihrem Zustand wohl kaum noch den Unterschied zwischen Champagner und der Flüssigkeit, die im Lager manchmal aus den Leitungen der Klimaanlage tropfte, erkennen konnte.

Ich blieb jedoch entspannt und verließ mich auf die Damen in den kurzen Röcken und ihre Künste. Oder anders gesagt: Ich wurde leichtsinnig. Der »aufziehende Sturm« war längst vergessen, und ich spielte zwischen den Bestellungen auf meinem Handy, bis ... ach du Scheiße, es war bereits kurz vor 4 Uhr. Ich hatte gar nicht gemerkt, dass das Bestellofon seit etwa einer Stunde nicht mehr geläutet hatte. Die Truppe musste wohl doch irgendwann in die Knie gegangen sein. Mich überkam Panik. In ungefähr einer halben Stunde mussten die Atomunterwäschehändler in ihrem Taxi sitzen, oder ich würde im Arsch sein. Mein Finger schnellte zur Weckruftaste, und ich begann leise zu beten. Also nicht so richtig zu Gott, oder so. Eher zum eben von mir in der Not erfundenen Schutzpatron der Nachtportiere. Oh Herr Portierus Nocturnus, erhöre mich und lass die komatösen Rekordschluckspechte den Weckruf hören. Nun, Sie können sich wohl schon denken, dass sie ihn nicht gehört haben, sonst hätte diese Geschichte keinen Eingang in diese kleine Sammlung gefunden. Nach drei Minuten Dauerläuten ohne Antwort war ich schweißgebadet.

Um den »aufziehenden Sturm« zu aktivieren, war es zu spät. Ich musste zum letzten Mittel greifen, das mir zur Verfügung stand, der wahren Macht des Nachtportiers: dem Generalschlüssel. Der Gedanke, vermutlich kaum ansprechbare Personen, die kein Wort von dem verstehen würden, was ich sagte, persönlich zum Verlassen ihrer Betten aufzufordern, gefiel mir gar nicht. Aber ich hatte keine Wahl. Also sprang ich in den Aufzug und drückte die Taste zur Penthouseetage. Ganz oben angekommen, öffneten sich die Aufzugtüren so provokant langsam, als wüssten sie, dass mich jede Sekunde, die sie mich aufhielten, noch mehr in Bedrängnis brachte. Ich rannte den Flur hinunter und kam schließlich ächzend und stöhnend an der Tür zur Suite an. Ohne zu klopfen, steckte ich den Universalschlüssel ins Schloss und hatte dabei eintausend Sorrys in allen möglichen Sprachen auf den Lippen, mit denen ich mich gegen die wüsten Beschimpfungen, die mich wohl erwarteten, wappnete. Die Tür ging auf und ... ließ sich nach wenigen Zentimetern nicht mehr weiter öffnen. Die Gäste hatten die Sicherheitskette eingehakt.

Jetzt war es offiziell: Ich war im Arsch, und genau dorthin konnte ich mir auch den Generalschlüssel stecken. Ich blickte durch den Spalt und sah ... war das eine Ferse oder ein Busen mit Hornhaut? Schwer zu erkennen, bei dem gedimmten Licht. Es hätte auch eine dieser Moderne-Kunst-Skulpturen sein können, die seit Kurzem die Suiten zierten und von unseren Gästen regelmäßig als Flaschenöffner missbraucht wurden. Jedenfalls war es still. Viel zu still. Ich bildete mir ein, ein Schnarchen zu hören, aber das war im Lärm meines rasenden Herzens unmöglich mit Sicherheit zu sagen. Ich hämmerte gegen die Tür, hatte aber eigentlich keine Hoffnung, dass jemand öffnen würde. Und so war es auch. Der Raum blieb so erschreckend still wie meine Freundin, wenn sie sauer auf mich war.

Als ich soeben vom Generalschlüssel als letztem Mittel schrieb, war ich nicht ganz ehrlich zu Ihnen. Das tut mir aufrichtig leid, und ich bitte Sie, meine Entschuldigung anzunehmen. Ich hatte noch einen allerletzten Trumpf auf Lager. Also eigentlich nicht ich persönlich, sondern vielmehr der Sicherheitsdienst. Der hatte sogar ein paar davon, und sie hörten auf den Namen Bolzenschneider. Erst letzten Monat hatten wir neue geliefert bekommen. Ich rief also mit schweißnassen Händen John von der Security an. Er solle sofort mit einem Bolzenschneider anrücken, es sei ein Notfall.

Wenn Sie John einmal gesehen hätten, würden Sie sich jetzt darüber wundern, dass er tatsächlich zwei Minuten später samt schwerem Gerät neben mir stand. Ich aber wusste bereits aus Erfahrung, dass man sich auf den Mann verlassen konnte. Wenn es brenzlig wurde, konnte er seinen 140-Kilogramm-Hintern schneller in Bewegung setzen, als ich beim Letzte-Runde-Klingeln in der Bar die Hand heben konnte. Wir kannten uns bereits seit geraumer Zeit, daher fragte er nicht näher nach, welcher Art denn der Notfall sei, sondern kam gleich zur Sache. Er hob das Monster von Bolzenschneider und setzte es an.

Freunde, ich sage euch, ich begann laut zu lachen, als ich sah, dass der fette Kopf der Zange, die einem Elefanten das Bein hätte abzwicken können, nicht durch den Spalt zwischen Tür und Rahmen passte. Ich habe bis heute keine Ahnung, wer die Dinger bestellt hatte, aber er hatte wohl eher vor, eine Drahtseilbrücke zum Einsturz zu bringen, als eine einfache Hoteltür damit zu öffnen. Natürlich hätte ich versuchen können, mich auf diese unbekannte Person hinauszureden, wenn mein Versagen am Morgen zutage treten würde. Aber ich stand nun mal ganz unten in der Nahrungskette und war mir sicher, dass ich trotzdem irgendwie die Schuld in die Schuhe geschoben bekommen würde. Schließlich war ich ja persönlich dafür verantwortlich, dass ... Also tat ich, was jeder Nachtportier, der eine Truppe besoffener Unterwäschewaffenhändler in ein Taxi bekommen musste und dessen Job auf dem Spiel stand, in einer solch aussichtslosen Situation tun würde: Ich gab auf.

Es gab nichts mehr, was ich tun konnte. Ich dankte John für sein schnelles Eintreffen und zückte das Telefon, um das bereits am Vortag reservierte Taxi wieder abzubestellen. John nahm es mir aus der Hand und drückte die Auflegen-Taste. »Wie unbedingt willst du da hinein?«, fragte er. Ich sah ihn aus müden Augen an und antwortete: »Ich bin persönlich dafür verantwortlich, dass die Typen da drinnen in ein paar Minuten im Taxi zum Flughafen sitzen. Also sehr unbedingt. So unbedingt, wie ich nicht gefeuert werden will, und so unbedingt, wie ich will, dass endlich jemand Bier erfindet, auf das man keinen Kater bekommt.« »Dann halt mal«, sagte er, während er mir sein Funkgerät in die Hand drückte. Das war der Moment, in dem mir die Situation endgültig entglitt.

Eine Sekunde später nahm John zwei Schritte Anlauf und warf seine gesamte Masse gegen die Tür. Ich hatte das Gefühl, das ganze Stockwerk würde erbeben. Doch die Tür hielt stand. Dafür öffneten sich zahlreiche andere, durch die verschlafene Menschen schweigend das Treiben beobachteten. Nicht einer beschwerte sich. Alle wollten sehen, was da los war und wie das Ganze enden würde. John warf sich noch ein zweites und drittes Mal gegen die erstaunlich widerstandsfähige Tür, doch die Sicherheitskette wollte einfach nicht reißen oder wenigstens aus der Verankerung springen.

John atmete schwer und sagte keuchend: »Es tut mir leid, Chris, aber die Verankerung der Kette ist wohl zu robust, um sie aufzubrechen. Entweder du wartest, bis die da drinnen aufwachen, oder du rufst die Feuerwehr, die haben schweres Gerät.«

Die Feuerwehr konnte ich nicht rufen. Schließlich war das hier kein echter Notfall, sondern nur mein kleines privates Drama. Und was das Aufwachen betraf, das konnte in fünf Sekunden sein oder in fünf Tagen. Ich war frustriert und hasste mich selbst dafür, dass ich die Zeit übersehen hatte.

»Verdammt! Verdammt! Verdammt!«, rief ich laut und trat dabei mit dem Fuß gegen die Zimmertür. Und weil es ohnehin schon egal war und ich das immer schon einmal machen wollte, nahm ich Anlauf und rammte, wie John bereits dreimal vor mir, meine Schulter gegen das Holz. Ich nehme an, dass Johns Ansturm der Verankerung der Kette zu diesem Zeitpunkt bereits schwer zugesetzt hatte. Jedenfalls sprang die Tür, beinahe ohne Widerstand, mit einem splitternden Geräusch auf, und mein Schwung beförderte mich in das Zimmer hinein. Ich stolperte nach vorne und landete bäuchlings auf dem Boden des Entrees.

Glücklicherweise hatte es jemand erst vor Kurzem für eine gute Idee gehalten, die Böden in den Suiten mit einem kuscheligen Langflorteppich auszustatten, sodass nur mein Stolz Schaden nahm. Ein Hoch auf unseren Innenausstatter!

Ich rappelte mich auf und blickte hinein in die Suite. Sie sah aus, als hätte jemand ein Stillleben aus einem Tarantino-Film gemalt. Überall lagen Dosen, Flaschen und hastig vom Körper gerissene Kleidungsstücke herum. Auf dem Bett, auf dem Boden, auf der Couch, auf dem Tisch, auf den Stühlen, auf dem Fernseher, auf der Lampe, über der Tür, in der Badewanne, in der Toilette. Dazwischen hatte der Künstler sorgsam jede Menge nackter Körper platziert. Nur die Waffen und das Blut fehlten für einen echten Tarantino.

Bei näherem Hinsehen wurde mir auch klar, wie es die Truppe geschafft hatte, solche enormen Mengen an Alkohol zu konsumieren, ohne sich stündlich die Mägen auspumpen zu lassen. Sie hatten die Flaschen gar nicht alle getrunken, sondern teilweise in den Koffern verstaut, um sie mit nach Hause zu nehmen. Wenn die Firma schon zahlte, dann musste man das ja schließlich ausnutzen.

Einer der Männer war offenbar kurz vor meinem Eindringen aufgewacht. Er stand nackt vor mir und sah mich entgeistert und panisch an. Ich verstand das. Jemand hatte gerade sein Zimmer gestürmt, und hinter diesem Jemand stand ein Koloss von einem Mann mit den Maßen des Hulk. Im Licht der Notausgangsbeleuchtung sah John vielleicht sogar ein wenig grün aus. Ich wartete ab, wie der Waffenwäschehändler reagieren würde. Nachdem er keine Anstalten machte, uns mit einem Sturmgewehr zu durchlöchern oder mit schmutzigen Unterhosen zu bewerfen, setzte ich mein freundlichstes Lächeln auf, tippte mit dem Zeigefinger auf die Uhr an meinem Handgelenk und sagte so selbstverständlich wie möglich: »Weckdienst!«

Es gibt kaum ein erbärmlicheres Schauspiel, als wenn erwachsene Männer sturzbetrunken auf allen vieren herumkriechen. Aber gleichzeitig auch kaum ein amüsanteres. Einer der vier, offenbar der Höchstrangige, lehnte stark wankend an der Wand und brüllte den anderen dreien Befehle zu, während diese auf dem Boden herumrobbten und versuchten, es irgendwie in ihr Gewand zu schaffen und ihre Habseligkeiten zu packen. Hätten John, die Ladys und ich ihnen nicht geholfen, sie würden heute noch verzweifelt versuchen, die Beine in die Ärmel des Pullovers und das Nachtkästchen in den Koffer zu bekommen. Kurze Zeit später hatten wir alle auf den Flur befördert und Richtung Aufzug auf den Weg geschickt. Ein Teil der Kleidung war zugunsten der Flaschen im Zimmer zurückgeblieben. John trug und zog alle Koffer, und ich achtete darauf, dass keiner mit dem Schädel gegen einen Feuerlöscher knallte oder aus einem Fenster torkelte. Die Schlagseite der vier war wirklich beachtlich, aber das Betreten des Aufzugs klappte dennoch schon beim siebten Versuch.

In der Lobby angekommen, lud John nicht nur sämtliche Koffer, sondern auch einen der Gäste auf einen Gepäckwagen und schob sie in Richtung Ausgang. Ich blickte auf die Uhr: 04:37 Uhr. Okay, nicht ganz eine Punktlandung, aber angesichts der Umstände war ich doch recht zufrieden. Vor allem da ich sah, dass draußen vor der Tür das Taxi noch immer wartete. Der Fahrer protestierte lautstark, als er sah, in welchem Zustand seine Fahrgäste waren. Ich konnte es ihm nicht verdenken. Wenn er auch nur eine Kurve schneller als mit 3 km/h nehmen würde, wäre eine gründliche Reinigung der Sitzbezüge unumgänglich. Ich wandte mich an den Chef der Truppe, der zumindest ein Auge offen halten konnte, und fragte: »Money?« Er sah mich verständnislos an. »Money for the taxi driver?«, ergänzte ich. Nun schien er zu verstehen. Er zückte seine Geldbörse und drückte sie mir in die Hand. »*Taxi Driver good film!*«, sagte er, grinste und schloss kurz darauf auch das zweite Auge. Die Brieftasche war außerordentlich gut bestückt. Ich zog drei 100-Euro-Scheine heraus, gab sie dem Fahrer und fragte: »Reicht das für die Fahrt zum Flughafen, die Innenreinigung und einen Abend in der Kneipe?«

»Das Wochenende hat zwei Abende«, sagte der Fahrer trocken.

Ich legte noch einen Fünfziger drauf und die Börse mit dem restlichen Geld dem schlafenden Gast in den Schoß. Der Fahrer grinste, fuhr los und bog so langsam um die nächste Ecke, dass man hätte meinen können, das Auto würde stehen. Offenbar hoffte er, auch das Geld für die Innenreinigung in Bier investieren zu können.

Als ich wieder in der Lobby war, trat John neben mich und legte mir seine Hand auf die Schulter.

»Lief ja ganz gut«, sagte er lächelnd.

»Na ja, kommt darauf an, wie man gut definiert«, antwortete ich. »Die Tür.«

»Was ist mit der Tür?«, fragte John.

»Du hast die Verankerung der Sicherheitskette aus der Tür gerissen.«

»Ich? Sie ist doch erst bei dir aufgegangen, du Rammbock.«

»Ja, nach deiner Vorarbeit. Aber egal. Die eigentliche Frage ist: Wie soll ich das dem Management erklären? Oder der Versicherung?«

»Ach, das ist leicht.« John machte eine wegwerfende Handbewegung. »Das war ein medizinischer Notfall.«

Ich blickte ihn an. »Tatsächlich?«

»Auf jeden Fall. Hast du nicht gehört, dass drinnen in der Suite jemand schwer geatmet hat? Und ich bin mir ziemlich sicher, auch jemanden um Hilfe rufen gehört zu haben.«

Ich überlegte kurz. »Ja, also jetzt, wo du es sagst. War ganz schön gefährlich, die Situation.«

»Sehr gefährlich!«

»Und Rettung und Feuerwehr wären niemals rechtzeitig da gewesen.«

»Niemals!«

»Wir mussten so handeln.«

»Unbedingt!«

»Wir sind Helden.«

»Helden!«

John und ich grinsten uns an und gaben uns die Hand.

»Oh, sieh mal. Trinkgeld«, sagte ich und deutete auf den Gepäckwagen, mit dem John die Koffer und einen der Gäste zum Ausgang befördert hatte. Da lag eine halb volle Flasche des sündteuren Whiskys, dessen Namen ich auf Gälisch nicht korrekt aussprechen konnte. Gut, dass mein Dienst bald vorbei sein würde.

Handtuch to go

Man sollte meinen, dass Menschen, die in Hotels der gehobeneren Kategorie nächtigen, genügend Handtücher zu Hause haben. Und wenn doch einmal Mangel im Schrank herrschen sollte, gehen sie einfach in ein Geschäft und decken sich wieder nach Lust und Laune mit den besten, schönsten und kuscheligsten Handtüchern ein. Sie können es sich ja schließlich leisten. Zumindest hatte ich das gedacht, bevor ich angefangen hatte, in meinem Job als Night Audit zu arbeiten. Aber Tatsache war, dass in Hotels wie unserem genauso viel auf mysteriöse Weise abhandenkam wie in anderen Häusern.

Sie können sich gar nicht vorstellen, was da alles wegkommt. Gut, Handtücher sind Standard, das kennt man. Auch bei uns war der Schwund an Handtüchern beachtlich. Ich verstand nur nicht, warum. Es war definitiv nicht der Sammeltrieb, der die Leute dazu brachte, etwas mitzunehmen. Wenn jemand von jedem Hotel, in dem er einmal war, ein Handtuch behalten will, das würde ich verstehen. Es gibt so Sammlernaturen. Aber dann könnte man sich die Dinger ja auch einfach kaufen, denn auch wir hatten, wie so viele Hotels mittlerweile, einen kleinen Shop im Haus, in dem man Handtücher und andere Dinge mit dem Logo des Hotels darauf erwerben konnte. Das tat allerdings kaum jemand. Mitgehen lassen war aus irgendeinem Grund attraktiver. Am Preis kann es bei unseren Gästen definitiv auch nicht gelegen haben. Ich habe die Theorie, dass es irgendetwas mit dem Jagdtrieb zu tun hat. Ähnlich wie bei Leuten, die mit dem Auto neben einem Maisfeld stehen bleiben, um sich ein paar Kolben abzubrechen und mitzunehmen. Was kosten solche Maiskolben im Supermarkt? Ein paar Euro. Einen finanziellen Gewinn hat man dadurch definitiv nicht. Es muss der Kick sein, den einem dieser kleine Diebstahl bringt.

Was auch immer die wahren Beweggründe der Gäste sind, Sachen aus dem Hotel versehentlich in ihre Koffer zu packen, es kommen bei Weitem nicht nur Handtücher weg. Kleine Bilder, Dekorationsobjekte, Bettbezüge, Duschmatten, Bettvorleger, Gardinen, all das war schon von einem Tag auf den anderen aus den Zimmern verschwunden. Sogar Lampenschirme und andere völlig wertlose Dinge, wie etwa die in Kunstleder gebundene Infomappe des Hotels, finden Abnehmer. Und bitte glauben Sie nicht, dass es den Leuten unangenehm wäre, wenn sie auffliegen. Der Klassiker ist natürlich: »Oh, Entschuldigung, das muss ich versehentlich eingepackt haben«, aber man bekommt auch manchmal Antworten wie: »Ach, ist das nicht im Preis inkludiert?« oder »Was geht Sie das eigentlich an?«

Jedenfalls ist dieser Schwund bei uns an der Tagesordnung, und irgendwann gewöhnt man sich einfach daran. Aber Sie wissen ja, immer wenn man glaubt, bereits alles gesehen zu haben, dann belehrt einen das Leben eines Besseren. So geschehen eines Nachts um 3 Uhr herum. Ich war über den Check-out des Ehepaars bereits informiert worden. Die beiden wollten besonders früh aufbrechen, um dem Urlauberverkehr ein Schnippchen zu schlagen, und nahmen dafür auch das Aufstehen zu dieser ungemütlichen Uhrzeit in Kauf. Nachdem ich den Check-out erledigt hatte, bot ich mich an, den Eheleuten beim Tragen zu helfen – unsere Porter (wie sich die Kofferträger nennen) hatten um diese Uhrzeit keinen Dienst mehr, und das Paar hatte jede Menge Gepäck dabei: Neben zwei großen Weichschalenkoffern stapelten sich noch zwei Trolleys und drei Taschen vor meinem Desk.

Während die Frau sich gerne helfen lassen wollte, lehnte der Mann dankend ab. Ich zuckte nur mit den Schultern und nahm ihr das Gepäck ab. Gerade wollte ich in Richtung der Aufzüge zu den Garagen gehen, als mein Blick auf den Koffer des Mannes fiel. War das etwa tatsächlich, wofür ich es hielt? Er konnte doch nicht allen Ernstes ... Ich stellte das Gepäck wieder ab und sagte zu ihm: »Entschuldigen Sie, die schwarze Ecke, die da aus Ihrem Koffer ragt, die gehört nicht zufällig zu einem unserer Fernseher?« Die Frage war eher rhetorischer Natur. Ich kannte unsere Flatscreens und war mir zu 99 Prozent sicher, dass er einen davon von der Wand montiert, eingepackt und einfach nicht zur Gänze in den Koffer bekommen hatte. Für mich war der Fall klar, ich musste die Sache dennoch so diplomatisch wie möglich lösen.

Wie bereits erwähnt, ist es den meisten Gästen gar nicht sonderlich unangenehm, wenn sie erwischt werden. Dieser hier hatte sich nicht einmal die Mühe gemacht, die herausstehende Ecke abzudecken. Wenn er irgendein Kleidungsstück darübergehängt hätte, wäre es mir wahrscheinlich gar nicht aufgefallen. Darum ging ich auch nicht davon aus, dass er sofort reumütig aufgeben würde. Und so war es auch.

»Nein, das ist mein eigener«, antwortete er.

Ach bitte, welcher Mensch nimmt seinen eigenen Fernseher mit ins Hotel?

»Sie reisen mit eigenem TV-Gerät?«, fragte ich.

»Ja, die in den Hotels sind mir zu klein.«

»Unsere dürften exakt dieselbe Größe haben wie Ihrer hier.«

»Ah, gut zu wissen fürs nächste Mal.«

»Auch das Design an den Rändern, genau wie unsere.«

»Wirklich? Scheint ja ein beliebtes Modell zu sein.«

Er war wirklich unverfroren, das musste man ihm lassen. Kein Wimpernzucken, keine Röte im Gesicht, kein Schweiß, nichts. Mit Reden alleine würde ich hier nicht weiterkommen. Aber mit einem unserer Fernseher abhauen lassen würde ich ihn garantiert nicht. Schon gar nicht bei so viel Dreistigkeit. Also musste ich die Gangart verschärfen.

»Ich bin mir sicher, dass es einer der unseren ist. Hören Sie, es interessiert mich nicht, wie er in Ihren Koffer gekommen ist. Vermutlich war es ein Versehen beim Packen. Aber er muss jedenfalls hierbleiben«, sagte ich mit mehr Nachdruck in der Stimme.

»Sie irren sich. Das ist mein eigener.« Er blieb weiterhin cool wie ein CIA-Agent mit vierzig Dienstjahren auf dem Buckel.

»Ich muss Sie bitten, mich einen Blick in den Koffer werfen zu lassen. Dann wird sich das schnell klären.«

»Sie sind nicht befugt, meinen Koffer zu öffnen. Ich muss gar nichts.«

»Das ist richtig, aber der Sicherheitsdienst hat die Befugnis. Und wenn Sie sie ihm verweigern, dann hat sie spätestens die Polizei.«

So, jetzt war es heraußen, mit mehr konnte ich nicht mehr drohen. Und spätestens nach diesen Worten hatten alle vorherigen Gäste in ähnlichen Situationen auf- und das versehentlich Eingepackte hergegeben. Nicht jedoch dieser Mann. Er drehte mir ohne ein weiteres Wort den Rücken zu und ging zu den Aufzügen. Anfassen durfte und wollte ich ihn nicht. Also nahm ich mein Telefon zur Hand und wollte gerade den Sicherheitsdienst rufen, als sich eine Hand auf meine legte und das Handy sanft nach unten drückte. Es war seine Frau, die die ganze Szene bisher wort- und fassungslos beobachtet hatte.

»Bitte nicht«, sagte sie. »Lassen Sie mich mit ihm reden.«

Sie eilte ihrem Mann nach und redete vor den Aufzügen auf ihn ein. Ich konnte nicht genau verstehen, was sie sagte, aber sie zischte ihm wütend Sätze wie »Hast du wirklich ...«, »Diesmal bist du zu weit gegangen« und »Gib ihn sofort zurück« ins Ohr. Dann sprach sie noch leiser, und ich konnte gar nichts mehr verstehen. Ihre Körpersprache verriet ihren Zorn, seine zuerst Widerstand und dann irgendwann Resignation. Sie muss ungefähr fünf Minuten auf ihn eingeredet haben. Schließlich kamen beide samt Gepäck zu mir zurück, und der Mann sagte seelenruhig: »Meine Frau meinte, wir würden ohnehin schon zu viel mitschleppen und ich sollte UNSEREN Fernseher hier bei Ihnen zur Aufbewahrung lassen. Wäre das möglich?«

Seine Dreistigkeit nahm einfach kein Ende. Aber ich musste mich entscheiden. Entweder ließ ich die Situation weiter eskalieren und rief den Sicherheitsdienst, was der Mann zweifelsohne verdient hätte, oder ich ging auf sein freches Angebot ein, um die Sache damit sofort zu beenden. Ich entschied mich für Zweiteres. Ich hatte keine Lust auf noch mehr Stress mitten in der Nacht, und ich brauchte dringend einen Schuss gute Laune von meiner Tageslichtlampe. Also sagte ich ihm, er solle den Fernseher auspacken, ich würde gut auf ihn aufpassen. Und jetzt raten Sie mal, was noch aus dem Koffer fiel, als der Mann ihn öffnete, um den Fernseher herauszuholen. Genau, Handtücher.

Stille Nacht, laute Nacht

Nachdem Sie nun bereits einiges über unsere Gäste erfahren haben, wird es Zeit, dass ich Ihnen auch etwas über unsere Belegschaft erzähle. Das finde ich nur fair. Und welcher Anlass eignet sich besser für einen Einblick in ein Unternehmen als die eigene Weihnachtsfeier? Bevor ich Ihnen jedoch von der Feier an sich erzähle, möchte ich Ihnen noch einige meiner Kollegen von damals vorstellen.

Da wäre einmal Heinz. Er war Koch, und ich hoffe, das ist er immer noch, denn er war ein richtig guter. Seine Spezialität und auch große Leidenschaft waren Gerichte mit Rindfleisch. Sie könnten dem Mann die Augen verbinden und die Hände auf den Rücken fesseln, er würde Ihnen trotzdem aus jedem Rind im Umkreis von einem Kilometer, das nicht bei drei auf den Bäumen ist, ein Festmahl zubereiten. Und Sie würden danach um seine Hand anhalten, auch als Mann. Natürlich beherrschte er alle Klassiker wie Beef Wellington, Wiener Tafelspitz und Steaks aller Art. Aber was ihn zum Magier machte, war, dass er aus wirklich jeder möglichen Kombination von Zutaten ein Gedicht zaubern konnte, solange nur eine davon Rindfleisch war. Sie haben gerade außer einem Stück Schulter vom Galloway nur ein halbes Überraschungsei, die Füllung des Kuscheltieres Ihres Kindes und ein paar Brösel ausgetrockneten Fensterkitt zu Hause? Kein Problem, rufen Sie einfach Heinz für ein Rezept an, und Sie können sich zwei Stunden später im nächsten Sternerestaurant vorstellen gehen. Angeblich spricht er während der Zubereitung mit seinen Speisen. Das kann ich nicht bestätigen, aber wundern würde es mich nicht. Jemand, der so irre gut kocht, kann nicht ganz normal sein. Neben Rindfleisch hatte Heinz noch eine zweite große Leidenschaft: Lana, eine der Rezeptionistinnen vom Tagdienst. Was mich zur zweiten Neuvorstellung dieser Geschichte bringt.

Lana arbeitete, wie gesagt, tagsüber an der Rezeption, und wer sie jemals gesehen hatte, konnte verstehen, dass Heinz in ihrer Gegenwart sein Rindfleisch im Ofen vergaß. Wenn gerade Primetime und der Andrang beim Check-in groß war, konnte man beobachten, dass die Schlange vor ihrem Schalter immer die längste war. Was waren schon ein paar Minuten zusätzliche Wartezeit, wenn man dafür von Lana eingecheckt werden konnte? Sie selbst war sich ihrer Wirkung natürlich bewusst, nutzte sie aber so gut wie nie aus. Was ich sehr sympathisch fand. Überhaupt war Lana ziemlich angenehm down-to-earth für jemanden, der Heidis gesamte Model-WG durch pure Anwesenheit innerhalb einer Minute zu einwöchigen Heulkrämpfen veranlassen könnte.

Ihre Vorgesetzte hatte da schon weniger Skrupel, Lanas gutes Aussehen für ihre Zwecke einzusetzen. Ein Gast machte Faxen wegen einer Minibarrechnung? Lana wurde geschickt, um das zu regeln. Eine Minute später war die Rechnung bezahlt. Und er hätte vermutlich auch noch freiwillig die seiner Nachbarn übernommen, nur um noch ein wenig länger in Lanas Glanz verweilen zu dürfen. Ein Gast beschwerte sich über sein zu hartes Kissen? Nach einem kurzen Talk mit Lana hätte man ihn in einem Zimmer mit Nagelbett unterbringen können, und er hätte trotzdem eine Fünfsternebewertung bei Trip Advisor hinterlassen. Natürlich funktionierte das in erster Linie bei männlichen Gästen, aber immerhin konnte man durch Lana circa fünfzig Prozent aller Differenzen innerhalb kürzester Zeit beilegen. Entsprechend gut war ihr Standing in ihrer Abteilung.

Und dann gab es da noch Diego. Er war Porter, also Kofferträger, und dadurch meist im Umkreis der Rezeption unterwegs. Wollen Sie raten, wem dieser Umstand überhaupt nicht schmeckte? Genau, Heinz. Denn Diego war ebenfalls sichtlich interessiert an Lana und im Gegensatz zu Heinz, der an die Küche gefesselt war, häufig in ihrer Nähe. Es hätte niemanden überrascht, hätte man in Heinz' Kühlschrank eine Rindfleisch-Voodoo-Puppe gefunden, die verdächtig nach Diego aussah und ein Steakmesser zwischen den Beinen stecken hatte.

Diego war stets freundlich, hilfsbereit, zuvorkommend und äußerst charmant. Auch wenn Sie mit drei Koffern voll Granitblöcken anreisen würden, Diego würde sie »avec plaisir« auf Ihr Zimmer tragen, dabei kein einziges Mal stöhnen und trotz dreifachem Bandscheibenvorfall auch noch ein Lächeln auf sein Gesicht zaubern. Wir waren nicht in Frankreich, unser Hotel machte nicht auf Französisch, und Diego hatte in seiner ganzen Ahnenreihe bis zurück zum Australopithecus garantiert keinen Franzosen. Wo er dieses »avec plaisir«, also »mit Vergnügen«, aufgeschnappt hatte, wusste niemand. Aber er verwendete es ständig. Es war das Tüpfelchen auf dem »i« in seinem Service. Und die Gäste liebten es. Sogar die französischen, die bei seiner Aussprache eigentlich mit Magenkrämpfen hätten kämpfen müssen.

Diego machte sich aber nicht etwa zum Affen oder gaukelte seine gute Laune und Freundlichkeit nur vor, er war einfach so. Er konnte gar nicht anders, als seine Arbeit mit stets hochgezogenen Mundwinkeln zu verrichten. Bis heute ist mir kein positiverer Mensch begegnet als er. Und seine Art machte sich bezahlt. Diego war der Trinkgeld-King in unserem Haus. Niemand im gesamten Hotel kam auch nur annähernd an die Summen heran, die Diego für seine Dienste einstrich. Als Porter hatte er ein eher mäßiges Gehalt, aber ich würde wetten, dass er es sich durch seine Tips jeden Monat mindestens verdoppelte. Diego hatte mich einmal gebeten, ihm seine kleinen Scheine und Münzen, die er im Laufe des Tages erhalten hatte, in etwas Größeres zu wechseln. Dazu legte er mir bei Dienstende beinahe 120 Euro auf den Tresen. Einhundertzwanzig Euro Trinkgeld an nur einem Tag – aber hallo! Diego trug wahrlich zu Recht den Titel »King«.

Nachdem Sie nun ein wenig über die Hintergründe informiert sind, lassen Sie uns in medias res gehen.

Es war also meine erste Weihnachtsfeier als Night Audit in diesem Hotel. Die Feierlichkeiten für die etwa 200 Personen umfassende Belegschaft wurden in unseren eigenen Räumlichkeiten, dem größten unserer Bankettsäle, ausgetragen, und jeder, absolut jeder, war eingeladen. Selbstverständlich auch das Küchen- und Servicepersonal. Was bedeutete, dass das gesamte Catering von externen Dienstleistern übernommen wurde. Alle konnten feiern. Nur der Night Audit nicht. Klar, du kannst alles outsourcen, aber den Laden über Nacht am Laufen zu halten, das gibst du nicht in fremde Hände. Schließlich hatten wir trotz der Weihnachtsfeier Gäste. Und es wäre auch gar nicht möglich gewesen, so ohne Weiteres Ersatzpersonal für mich zu finden. Dafür war mein Aufgabengebiet einfach zu vielfältig. Betriebsfremde Personen wegen einer einzigen Nacht im Jahr in so gut wie alle internen Prozesse des Hotels einzuweihen wäre also weder ökonomisch gewesen, noch hätte man irgendjemandem einen so tiefen Einblick gewähren wollen. Einerseits fand ich es natürlich schade, dass ich nicht so richtig mitfeiern konnte, für mich als Night Audit herrschte absolutes Alkoholverbot, andererseits fühlte ich mich in dieser Nacht aber auch unglaublich wichtig.

Alle sind entbehrlich und können ersetzt werden, nur du nicht. Das hatte schon was. Also nahm ich den Umstand leicht, dass ich bereits bei Dienstantritt die einzige nüchterne Person auf der Etage war.

Bis Mitternacht verlief der Abend unspektakulär. Ein paar Nachzügler kamen spät, ein paar Langweiler gingen früh. Aus dem großen Saal drang laute Musik zu mir herüber, und die Stimmung schien gut zu sein, soweit ich das von meinem Posten an der Rezeption aus beurteilen konnte. Ab und zu kam jemand zu mir heraus, brachte mir ein Brötchen und eine Limo und erzählte mir, was drinnen gerade so vor sich ging. Wer mit wem tanzte, wer wen anbaggerte und wer schon betrunken unter dem Tisch lag. Ich war also halbwegs gut informiert.

Es muss so gegen 00:30 Uhr gewesen sein, da hörte ich jemanden eine Gitarre stimmen und ein paar Töne spielen. Dann dröhnte es über das Mikrofon, über das die Weihnachtsansprache des Big Boss gehalten worden war: »Check, check. Meine sehr verehrten Damen und Herren, darf ich um Ihre Aufmerksamkeit bitten.«

Ach herrje, das konnte nur eines bedeuten: Paul, einer der Kellner, war nun betrunken genug, um mit seinen berühmt-berüchtigten Gesangseinlagen zu starten. Ich hatte das schon bei diversen Anlässen erlebt. Zu später Stunde und nach ausreichender Menge Bier stellte er sich gerne mal auf einen Tisch und fing laut an zu singen. Die Lieder waren allesamt kurz und ungemein ordinär, also genau das, was eine Runde in angeheitertem Zustand schätzte. Brüllendes Gelächter und Gegröle waren meist die Reaktion, manchmal gefolgt von einem Rausschmiss aus dem Lokal. Welches Lied er wohl heute zum Besten geben würde? Er begann, auf der Gitarre zu spielen, und ich erkannte selbst durch die geschlossene Tür bereits nach den ersten Akkorden, welcher Song es war. Einer meiner Lieblinge. Ich musste grinsen. Können

Sie sich zufällig noch an die Titelmelodie der Fernsehserie *Flipper* erinnern? Die, in der der Delfin Flipper die halbe Welt rettet, als eine Art Lassie der Meere? Wenn ja, dann summen Sie diese doch jetzt bitte leise vor sich hin. Wenn Sie unter 18 und/oder zart besaitet sind oder einfach spätpubertären Humor nicht lustig finden, dann springen Sie besser zum nächsten Absatz. Drinnen fing Paul an, laut zu singen:

»Wir lieben Ficker, Ficker, gleich wird er kommen, jeder kennt ihn, den geilen Delfin ...«

Zig Leute begannen offenbar mitzugrölen.

»... wir lieben Ficker, Ficker, gleich wird er kommen, jeder kennt ihn, den geilen Delfiiiiii...«

Die Gesangseinlage nahm ein jähes Ende. Jemand musste dem Mikro den Stecker gezogen haben. Es folgten laute Buuuuh-Rufe. Es dauerte nicht lange, da sprangen die Türen des Saals auf, und heraus kamen Paul, über das gesamte Gesicht grinsend, und sein Abteilungsleiter, der ihn vor sich hertrieb. Sie kamen bis auf wenige Meter an mein Pult heran, sodass ich ihr Gespräch gut verfolgen konnte.

Sein Chef fuhr Paul an: »Ich habe es dir schon hundert Mal gesagt, ich will dieses Lied hier nicht hören. Und auch kein anderes dieser Art. Die kannst du auswärts singen, so viel du willst, aber nicht hier am Arbeitsplatz. Das ist nicht unser Stil, und wenn das einer der Gäste hört, dann ...«

»Hat niemand gehört außer mir«, warf ich über den Desk hinweg ein.

»Gut, wenigstens etwas«, sagte der Abteilungsleiter. »Also, keinen geilen Delfin mehr, verstanden?«

»Auch keinen Vibrator-Walzer?«, fragte Paul schmunzelnd.

»Gar nichts von dem versauten Zeug. Ich warne dich!«

»Ist ja gut, ist ja gut.«

»Okay, dann wieder rein da. Die Tombola beginnt gleich.«

Paul bekam einen freundschaftlichen Klaps auf den Hinterkopf, und die beiden gingen zurück in den Saal.

Für die Tombola sammelte das gesamte Führungspersonal, also Abteilungsleiter aufwärts, das ganze Jahr über die Geschenke und Zuwendungen, die sie von Partnerfirmen, Zulieferern, Verkäufern usw. bekamen, und ließen sie zu Weihnachten auf diesem Weg der Belegschaft zugutekommen. Eine sehr sympathische Idee. Und den Chefs eines Luxushotels wurden natürlich nicht die üblichen Kleinigkeiten wie Teesortimente, Schokolade oder unnötige Gimmicks wie eine Pfeffermühle mit Taschenlampe geschenkt. Da war richtig feines Zeug dabei. Weine und Champagner erster Klasse, sündteure Delikatessenkörbe und sogar Gutscheine für All-inclusive-Wochenendtrips. Und all das wurde an uns einfache Mitarbeiter verlost. Entsprechend beliebt war die Tombola, und kaum jemand ging, bevor sie vorbei war.

Um ungefähr 2 Uhr machte sich langsam Aufbruchstimmung breit. Ich sah die Leute mit ihren bei der Verlosung abgeräumten Geschenken in Richtung Garderobe gehen oder meistens eher wanken. Garderobenmarken? Ja, die hatten sie mal gehabt. Irgendwann vor zehn Bieren und ein paar Tequilas. Mittlerweile waren die meisten in der Bowle, als Spuckkügelchen in den Haaren eines anderen oder in den Filtern selbst gedrehter Zigaretten gelandet.

Bald bildete sich eine Traube von Menschen, die auf irgendwelche Jacken und Mäntel deuteten und behaupteten, es wären die ihren. Die armen Mädels bei der Garderobe, die auch extern für den Abend angemietet worden waren und keine Ahnung haben konnten, wer üblicherweise was trug, gaben nach kurzer Zeit auf und jedem das, was er wollte. Die Resultate konnten sich durchaus sehen lassen. John, der bullige Wachmann, verließ das Hotel mit einem rosa Jäckchen, eine der Frauen vom Roomservice schlüpfte in einen Mantel, der ihr um so vieles zu groß war, dass sie ihn wie die Schleppe eines Brautkleides hinter sich herzog, und Sergej, einer der Abwäscher, konnte gerade noch verhindern, dass seine heiß geliebte Beanie-Mütze als Tasche für ein paar Tombolageschenke missbraucht wurde.

Egal, in den nächsten paar Tagen würden sich alle wieder über den Weg laufen und ihre Sachen zurücktauschen können.

Nun war nur noch der harte Kern übrig. Und der feierte unvermindert weiter. Es muss so ungefähr 3 oder 3:30 Uhr gewesen sein, als ich aus dem Bankettsaal ein lautes Klirren hörte. Es klang, als wäre ein Teller zu Bruch gegangen. Kurz darauf öffnete sich wieder die Tür zum Saal. Heinz, der Rindfleischmagier, wurde von seinem Boss am Oberarm herausgezerrt. Er blutete an der Stirn, schien sich aber nichts daraus zu machen. Dafür war er offenbar viel zu wütend.

»Scheiße, wieso bin ich jetzt der Schuldige?«, brüllte er. »Diego hat mir den Scheißteller über den Kopf gezogen.«

»Weil du ihm vorher eine halbe Flasche Blaufränkisch in den Kragen geleert hast«, antwortete sein Abteilungsleiter, der sich sichtlich bemühen musste, ruhig zu bleiben.

Ich musste gar nicht hören, wie es zu dem Streit gekommen war. Es konnte nur um Lana gegangen sein. Es war nicht das erste Mal, dass sich die beiden wegen ihr in die Haare kriegten. Beinahe jedes Mal wenn Alkohol im Spiel war und Heinz, Diego und Lana sich im selben Raum befanden, kam es zum Streit. Und wenn es um Lana ging, war es bei Diego vorbei mit der freundlichen und zuvorkommenden Art. Da zog er Heinz eben schon mal »avec plaisir« einen Teller über den Schädel.

»Er hat sie blöd angemacht, das haben alle gesehen.«

Sein Chef ging darauf gar nicht erst ein.

»Reiß dich zusammen, ich warne dich. Keine Streitereien

mehr. Sonst bleibt mir nichts anderes übrig, als dich rauszuschmeißen, capiche?«

Heinz antwortete nicht. Er schnaufte nur wütend und tupfte sich das Blut von der Stirn. Der Schnitt war nicht tief und würde schnell abheilen. Dann nickte er schweigend.

»Gut. Du bleibst jetzt eine Viertelstunde hier draußen und beruhigst dich, dann kannst du wieder reinkommen. Klar?«

Heinz antwortete wieder nicht.

»Klar?«, fragte sein Boss noch mal, diesmal lauter und gereizter.

»Klar«, antwortete Heinz schnaufend.

Heinz lehnte sich an meinen Tresen, während sein Boss wieder zurück in den Saal ging. Er schnaufte noch immer wütend, sagte aber sonst kein Wort. In der Stimmung, in der er sich gerade befand, hatte ich auch keine Lust, ihn auf die Geschehnisse im Saal anzusprechen. Er sollte sich beruhigen und dann möglichst bald nach Hause gehen, wie ich fand. Er schwankte schon ziemlich. Und dass er ständig »Ich bring ihn um« vor sich hin murmelte, motivierte mich auch nicht gerade zu einem Schwätzchen. Und so schwiegen wir uns 15 Minuten lang an, während er immer wieder auf die Uhr sah. Es fiel ihm wohl ziemlich schwer, seinen Nebenbuhler alleine mit seiner Flamme zu wissen. Ich hatte den Eindruck, als könne er es kaum erwarten, wieder hineinzustürmen und sich auf Diego zu stürzen. Und genau so war es auch. Pünktlich zum Ende seiner Zeitstrafe stampfte er, immer noch auf hundertachtzig, wieder in den Saal.

Es dauerte keine zwei Minuten, bis sich die Tür wieder öffnete. Diesmal wurde Diego von seinem Vorgesetzten herausgezerrt. Er hatte eine schnell wachsende Schwellung am linken Auge und schwankte stark. Wie ich erfuhr, hatte ihm Heinz mit den Resten vom Hummer eins übergebraten, nachdem Diego ihn mit Avocado-Maki beworfen hatte. Wieder folgte eine Standpauke mit der Drohung, den Streithahn rauszuwerfen. Daraufhin durfte Diego wieder zurück in den Saal, ohne Abkühlphase.

Ich rechnete damit, dass die beiden in Kürze endgültig rausfliegen würden, aber erstaunlicherweise blieb es ruhig. Bis ungefähr eine Stunde später, die meisten Gäste waren bereits nach Hause gegangen, Diegos Vorgesetzter zu mir kam und mich fragte, ob ich Diego gesehen hätte. Ich verneinte. An mir war er nicht vorbeigekommen. Er wäre mir ganz sicher aufgefallen nach den Geschehnissen des heutigen Abends. Sein Boss setzte eine besorgte Miene auf.

»Diego wurde schon seit einiger Zeit nicht mehr gesehen, und niemand weiß, wo er ist. Und Heinz behauptet, von nichts zu wissen.«

Ich ging zur Garderobe, um nachzusehen, ob Diegos karierter Mantel, den er immer trug, noch da war. Er hing als eines der wenigen verbliebenen Kleidungsstücke noch an einem Haken.

»Sein Mantel ist noch da. Wenn er nicht ohne nach Hause gegangen ist, dann muss er noch irgendwo hier sein«, sagte ich.

Nun kamen noch mehr Leute aus dem Saal und erkundigten sich, ob man Diego schon gefunden habe.

Diegos Boss wandte sich an Heinz, der ebenfalls herausgekommen war. »Ich frage dich noch einmal: Wo ist Diego?«

»Scheiße, das weiß ich doch nicht. Ehrlich!«

»Ich warne dich, wenn du Diego irgendetwas getan hast, dann war's das für dich.«

»Ich hab ihn nicht angerührt!« Heinz war schockiert über das, was man ihm da zutraute, oder tat zumindest so. »Ich hab ihn seit einer halben Stunde nicht einmal mehr gesehen. Der Penner hat wahrscheinlich den Schwanz eingezogen und ist nach Hause geschlichen.«

»Ach sei doch still! Ihr und euer lächerliches Machogehabe.« Es war Lana, die hinter ihm stand. Sie hatte sichtlich genug von den Streitereien. »Ich gehe ihn suchen. Kommt jemand mit?«

Einige Leute gingen wieder zurück in den Saal, andere machten sich mit Lana gemeinsam auf die Suche nach Diego. Ich konnte mir nicht vorstellen, dass Heinz wirklich dazu fähig war, Diego ernsthaft zu verletzen. Aber andererseits war er ziemlich betrunken, und wenn es um Lana ging, flogen bei ihm schnell alle Sicherungen raus. Also machte auch ich mich auf die Suche. Ich erwartete um diese Uhrzeit keine Gäste mehr. Es war bereits weit nach 4 Uhr, und zur Not hatte ich ja ohnehin mein Handy mit. Ich suchte die gesamte Lobby ab. Vielleicht hatte er den Saal durch den zweiten Eingang verlassen, auf den mir von meinem Pult aus der Blick versperrt war, und hatte sich irgendwo auf einem der Sofas schlafen gelegt. Fehlanzeige. Er war auf keinem der Sofas, nicht darunter, hing nicht kotzend über einem der großen Blumentöpfe, hatte sich in keinen der Teppiche gerollt, nichts. Es blieben eigentlich nur mehr die Toiletten. Und genau dort fand ich ihn dann auch. Ich wusste schon, dass er es war, als ich die geschlossene Tür bei den Abteilen für das große Geschäft sah. Es konnte nur er sein. »Diego!«, rief ich. »Diego!«

Keine Antwort. Mist. »Diego!!!«, rief ich noch einmal, so laut ich konnte. Keine Reaktion. Ich bückte mich, um durch den Schlitz unter der Tür hindurchsehen zu können. Ja, da war er. Seine Schuhe, seine heruntergelassene Hose. Ich war erleichtert. Kein Blut, keine Spuren irgendeiner Schlägerei. Er seilte einfach nur einen ab. Oder war dabei gewesen, ehe er eingeschlafen war. Man konnte ihn jetzt deutlich schnarchen hören. Ich hämmerte gegen die Tür. »Diego, wach auf!«

Diego musste ordentlich getankt haben. Es war zwecklos. Aber ich konnte ihn nicht hier sitzen lassen. Also holte ich den Notfallschlüssel für die Toilettenkabinen von meinem Desk und schloss auf. Diego saß zusammengesunken auf der Klobrille, die Arme auf den Knien verschränkt und den Kopf darauf gebettet. Auf dem Boden vor ihm lag sein Telefon, und daneben stand eine Flasche Bier, von der noch nicht einmal ein Schluck fehlte. Es roch nach, na ja, Sie können es sich ja vorstellen. Ich fasste ihn an der Schulter und rüttelte. »Diego, aufstehen.« Noch immer keine Reaktion. Ich schüttelte noch einmal. »Diego, Lana will mit dir sprechen.«

Da fuhr er aus dem Schlaf hoch. Er sah mich erschrocken an, wusste scheinbar nicht, wo er war. Er sprang auf und begann vorwärts zu gehen. In kleinen Schritten, denn mehr ließen seine noch immer an den Knöcheln hängende Hose und Unterhose nicht zu. Ich ging ihm aus dem Weg. Mit kleinen Trippelschritten steuerte er in Richtung des Ausgangs der Toiletten und drehte mir dabei den Rücken zu. Und ich schwöre bei meiner heiligen Tageslichtlampe, aus seinem Hintern hing eine mächtige, prächtige, dicke Kackwurst.

»Diego!«, rief ich. »So kannst du nicht rausgehen.«

Er blieb stehen, zog sich Hose und Unterhose hoch und packte seine Wurst mit ein. Es war ein Bild, das sich für immer in mein Gedächtnis brannte und das jetzt vermutlich auch das Ihre nie wieder verlassen wird. Sorry! Diego lief aus den Toilettenräumen hinaus in die Lobby. Ich hinter ihm her. »Diego, komm zurück. Du kannst so nicht rausgehen. Du hast noch ...«

Dann sah ich die anderen Personen in der Lobby. Lana, Heinz, Diegos Boss und ein paar weitere. Und ich konnte den Satz nicht vervollständigen. Nicht vor all diesen Leuten. Das konnte ich Diego nicht antun. Also ließ ich ihn ziehen, so wie er war, und hoffte inständig, dass er sich weder in ein Taxi noch in einen Bus setzen würde. Er rannte durch die Vordertür des Hotels, hinaus in den bereits grauenden Morgen.

Die Schulbank drücken

Mir fällt gerade ein, dass ich Ihnen noch gar nicht von meiner ziemlich umfangreichen Ausbildung am Beginn meiner Tätigkeit als Night Audit erzählt habe. Einiges davon wird bei ein paar der folgenden Geschichten von Belang sein, aber vielleicht interessiert es Sie ja auch unabhängig davon, was ein Nachtportier so alles können muss. Deshalb möchte ich das nun nachholen.

Die alltäglichen Basics brachte mir kurz nach meinem Eintritt in das Unternehmen mein Vorgänger bei. Sie erinnern sich vielleicht, das war derjenige, der später die Rohrreinigungsfirma seines Vaters übernehmen wollte. Da ging es hauptsächlich ums Einchecken, Auschecken, um Kreditkartenzahlungen, die Beherrschung der Computerprogramme, das Reservieren von Restaurants für Gäste und den Umgang mit Empfehlungen.

Letzterer war manchmal ziemlich heikel. Denn während wir gerne Auskunft über Anbieter diverser Sightseeing- und Unterhaltungsaktivitäten gaben, mussten wir bei Anfragen zum Thema Erotik und Prostitution sehr vorsichtig sein. Und die kamen öfter, als Sie vielleicht meinen. Die Sache war die: Wer einen Rotlichtschuppen empfahl oder dort gar eine Reservierung für einen Gast vornahm, machte sich der Kuppelei schuldig. Das war ein Straftatbestand. Niemand wusste genau, wie hoch das Strafmaß war, aber es hatte auch niemand Lust, es herauszufinden, nur um einem Gast dabei zu helfen, etwas Druck loszuwerden. Obendrein hatte meine Chefin etwas dagegen und uns strikt verboten, Gäste in einen dieser Läden zu schicken. Dabei wäre es für uns ein netter Zusatzverdienst gewesen. Denn es verging kaum eine Woche, in der nicht ein Betreiber eines Rotlicht-Etablissements unserer Rezeption einen Besuch abstattete und sich und seinen Laden vorstellte. Man bot uns durchaus verlockende Provisionen für die Vermittlung von Gästen und auch kostenlose Schnupperbesuche, um die Damen einmal persönlich kennenzulernen.

Es war aber natürlich dennoch unsere Aufgabe, unseren Gästen bei Anfragen aller Art behilflich zu sein. »Keine Ahnung«, »So etwas gibt's in dieser Stadt nicht« oder »Holen Sie sich doch auf Ihrem Zimmer einen runter, das ist ohnehin billiger« waren also keine Antwortoptionen. Daher hatten wir uns auf eine bestimmte Vorgehensweise geeinigt, und sie hatte sich bewährt. Und die sah so aus: Wenn ein Gast nach einer Empfehlung zum Thema Puff, Stripclub oder Ähnliches fragte, sagten wir ihm, dass wir grundsätzlich keine Empfehlungen in dieser Richtung aussprachen, ihm aber gerne bei der Suche behilflich waren. Daraufhin baten wir ihn, sein Handy auf den Tisch zu legen, Google zu öffnen, und dann sagten wir ihm, was er eintippen musste. Was er dann mit den Suchergebnissen anfing, war seine Sache. Die meisten Gäste waren damit zufrieden. Die Bewertung »Ein Stern ist noch zu viel. Der Portier wollte mir nicht einmal bei der Suche nach einem Blowjob helfen« habe ich noch nie irgendwo gelesen.

Abgesehen von diesen grundlegenden Dingen lernte ich alles in diversen Schulungen in den Wochen darauf.

Der Schutz der Privatsphäre hatte in unserem Hotel schon damals, vor Inkrafttreten der Datenschutz-Grundverordnung, höchste Priorität. Entsprechend streng waren die Regeln im Umgang mit den uns anvertrauten Daten und mit Informationen über unsere Gäste. Es wurde uns eingebläut, absolut niemals irgendetwas über sie preiszugeben. Ganz gleich, unter welchen

Umständen. Sie kennen sicher die Filme, in denen jemand dem Portier oder Rezeptionisten einen Schein zusteckt und dann sofort die Zimmernummer erfährt. Oder die, in denen jemand anruft, sich als Freund, Verwandter oder sonst wer ausgibt, und dann direkt auf das Zimmer verbunden wird. Das ist alles Blödsinn. Kein Mensch in der gehobenen Hotellerie würde das jemals tun. Denn die Folge wäre in den meisten Fällen ein sofortiger Jobverlust, auch würde man innerhalb der Branche nur mehr sehr schwer eine Anstellung bekommen. Bei diesem Thema galt, zumindest in unserem Haus, eine Zero-Toleranz-Politik.

Den Job riskieren für einen Fünfziger oder einen Hunderter? Wohl kaum. Wenn Sie einem Hotelangestellten Informationen abluchsen wollen, nehmen Sie besser einen Koffer oder eine Sporttasche voller Scheinchen mit. Dann überlegt es sich vielleicht jemand. Die Realität war (und ist es garantiert immer noch): Es wurde immer erst Rücksprache mit den Gästen gehalten. »Ich habe hier einen Herrn X für Sie am Telefon, möchten Sie mit ihm sprechen?«, oder »Frau Y wartet auf Sie an der Rezeption, darf ich sie zu Ihnen hinaufschicken?« So lief das ab und nicht anders. Und wenn der Gast gerade nicht erreichbar war, dann hatte die Person einfach Pech. Ganz gleich, wer sie war.

Ein Kollege vom Tagdienst hatte einmal eine Literaturagentin bei sich am Counter stehen, die hinauf aufs Zimmer ihres Autors wollte, um ihn zu einer Lesung abzuholen. Sie hatte ihn telefonisch nicht erreicht und war daher persönlich vorbeigekommen. Der Rezeptionist rief am Festnetztelefon auf dem Zimmer des Mannes an, doch der hob nicht ab. Und damit war die Sache gelaufen. Mein Kollege hätte der Agentin die Zimmernummer sagen und sie gegen die Tür hämmern lassen können, um den Autor doch noch rechtzeitig zu seinem Termin zu bringen. Doch das durfte er nicht. Er hätte ihr die Durchwahl des Zimmers nennen, sie selber Sturm läuten lassen und so vielleicht seine Karriere retten können. Doch das durfte er nicht. Er hätte ihr sagen können, dass der Mann erst zwei Stunden zuvor aus einem Taxi gefallen und auf allen vieren zu den Aufzügen gekrochen war. Doch das durfte er nicht. Tja, Datenschutz hat seine Vor- und Nachteile, aber er geht immer vor.

Ich hatte auch diverse Schulungen, um die anderen Abteilungen und ihre Arbeitsweisen besser kennenzulernen. In der Nacht waren die schließlich alle nicht besetzt, und ich musste in der Lage sein, zumindest deren Basisdienstleistungen zu erbringen. Eine Familie mit Kleinkind reiste nachts an, und das Housekeeping hatte das Babybett vergessen? Der Night Audit musste wissen, wo es zu finden war und wie man es aufstellte. Eine Frau hatte sich kurzfristig entschlossen, ihren Lover doch mit auf Geschäftsreise zu nehmen? Der Night Audit musste in der Lage sein, schnell zusätzliches Bettzeug zu organisieren. Es wurde ein Schuhlöffel, mehr Duschgel oder zum dritten Mal innerhalb von 24 Stunden eine neue Kleenex-Box gebraucht? Der Night Audit kam und füllte auf. In der Nacht war ich das bärtigste Zimmermädchen des Hotels. Untertags hätte ich mich Olga geschlagen geben müssen.

Im Sommer hatten unsere Restaurants bis Mitternacht geöffnet, das Hauptrestaurant manchmal sogar länger. Deren Betriebszeit fiel also teilweise in meine Dienstzeit. Wenn dort Not am Mann war, musste ich in der Lage sein, auszuhelfen. Bestellungen aufnehmen, bonieren, servieren, abräumen, all das. Glücklicherweise musste ich das in meiner ganzen Zeit als Night Audit kein einziges Mal machen. Denn ich habe schon Schwierigkeiten, einen einzigen Teller mehr als zwei Meter weit waagerecht zu tragen, und mit dem Merken von Gesichtern habe ich es auch nicht so. Ich hätte nur halb volle Teller zu den falschen Tischen gebracht.

Besonders interessant und hilfreich fand ich die Sicherheitsschulung. Thema waren unter anderem der Umgang mit aggressiven Gästen, deeskalierendes Verhalten und Selbstschutz.

Nein, wir lernten in dieser Lektion nicht, wie man Gästen am besten in die Eier trat oder gegen den Kehlkopf schlug. Aber ich lernte zum Beispiel meine Dienstkleidung, einen hellblauen Nadelstreifenanzug, den ich zu Beginn gehasst hatte, schätzen. Denn das stylische Teil war viel mehr als nur eine Uniform, es vermittelte Autorität, war bis zu einem gewissen Grad respekteinflößend und half dadurch, manche Konflikte gar nicht erst entstehen zu lassen.

Auch das Pult, das sich zwischen mir und dem Gast befand, konnte meiner Sicherheit dienen. Ich musste nur einen Schritt zurück machen und war außer Reichweite einer handgreiflichen Person. Einfach, aber wirkungsvoll. Und wenn sich jemand gar nicht beruhigen wollte und die Situation Gefahr lief, außer Kontrolle zu geraten, gab es einen einfachen Trick. Man hörte auf zu diskutieren und ging einfach weg. Hinter der Rezeption gab es einen abgetrennten Bereich, in den wir uns zur Not zurückziehen konnten. Er war einseitig verspiegelt. Die Gäste konnten nicht sehen, was darin vor sich ging, wir konnten jedoch sehr wohl hinausschauen. In einem solchen Fall würde ich also aus sicherer Entfernung beobachten, wie sich der rabiate Gast weiter verhielt. Wenn er sich beruhigt hatte, würde ich wieder zu ihm gehen und versuchen, die Situation zu klären. Sollte der Randalierer die Geduld verlieren und abhauen, auch gut. Und wenn er versuchen sollte, über das Pult zu gelangen, dann wären in kürzester Zeit Sicherheitsdienst und Polizei gerufen.

In der Nacht war ich auch für die routinemäßigen Rundgänge im Hotel verantwortlich, um nach dem Rechten zu sehen. Ich hatte bestimmte Checkpoints, die ich auf meinem Weg passieren musste. Zum Beweis, dass ich wirklich dort gewesen war, musste ich meinen Schlüssel in das dort angebrachte Schloss stecken und einmal umdrehen.

Am wichtigsten war natürlich die Schulung zum Brandschutzbeauftragten. Denn nichts anderes war der Nachtportier während seiner Dienstzeit. Feueralarme kamen relativ häufig vor. Man konnte durchschnittlich zweimal pro Woche mit ihnen rechnen, manchmal waren es auch vier in einer einzigen Nacht. Natürlich waren 99,9 Prozent davon Fehlalarme, aber wissen konnte man es ja nie. Daher begann mein Nebennierenmark bei jedem einzelnen Alarm, massig Adrenalin in meine Blutbahn auszuschütten. Wenn einer der Brandmelder auslöste, dann passierten mehrere Dinge gleichzeitig. Alle Aufzüge wurden automatisch ins Erdgeschoss gefahren und gesperrt. Die Brandschutztüren zwischen den Gebäudeteilen und bei den Zugängen zu den Zimmern schlossen sich. Die Feuerwehr wurde automatisch verständigt und schickte zwei Löschzüge samt Kommandofahrzeug los. Und in der Brandmeldezentrale, die sich natürlich im Bereich der Rezeption befand, fingen diverse Lichter an zu blinken. Ich konnte sehen, welcher Melder in welchem Bereich des Hauses ausgelöst hatte und ob es nur der optische Sensor war oder auch der Temperatursensor. Der optische bedeutete Rauch, was meistens hieß, dass jemand seinen Socken nicht gut genug über den Melder gezogen hatte, bevor er eine Zigarette rauchte. Der Temperatursensor bedeutete Hitze – ganz schlecht. Um beim Temperatursensor einen Fehlalarm zustande zu bringen, musste man schon absichtlich mit dem Feuerzeug daran herumspielen. Hatten beide Sensoren gleichzeitig ausgelöst, konnte man mit ziemlicher Sicherheit von einem Brand ausgehen. Doch ganz gleich, welcher Brandmelder aus welchem Grund auch immer irgendwo im Haus Hallo sagte, für mich hieß es rennen. Zu Fuß, denn die Aufzüge funktionierten ja nicht. Am vermeintlichen Brandort angekommen, meistens war es ein Zimmer, musste ich immer zuerst einmal testen, ob Rauch zu riechen und/oder die Türschnalle heiß war.

Tja, und wenn es einmal wirklich brannte, dann musste ich natürlich auch wissen, wie man löschte. Die Feuerwehr brauchte zwar meistens nur wenige Minuten, aber genau diese ersten Minuten eines Brandes waren nun mal die entscheidenden, und schnelles und richtiges Verhalten konnte den Unterschied zwischen einem kleinen Sachschaden und einem Hotel weniger in der Stadt bedeuten. Um das Löschen zu lernen, begaben wir uns auf das Dach des Hauses und übten dort. In mir schlummert ohnehin ein kleiner Pyromane, daher machte mir das einen Heidenspaß. Wir fackelten unter fachmännischer Anleitung alle möglichen Materialien ab und mussten sie danach löschen. Holz, Fett, Stoffe und Gewebe, Benzin und sogar eine alte Mikrowelle. Der Pulverlöscher kommt bei Elektrobränden zum Einsatz. Den Schaumlöscher verwenden Sie bei Holz, Stoffen und allen anderen »normalen« Bränden, niemals jedoch bei Fett. Außer, Sie wollten ohnehin eine neue Küche bestellen oder ein neues Haus bauen. Fett löschen Sie am besten mit einem CO_2-Löscher. Aber vermeiden Sie es bitte, einen Menschen mit CO_2 zu löschen, wenn möglich. Das Zeug kommt mit −60 Grad aus der Löschpistole. Die Person wird zwar danach nicht mehr brennen, dafür aber vielleicht ein paar Finger weniger haben und nicht mehr sonderlich gut Luft bekommen. Also wenn Sie etwas anderes zur Hand haben, tun Sie Ihrem Mitmenschen den Gefallen. Gut wäre zum Beispiel eine Löschdecke.

Wissen Sie was? Wo Sie doch jetzt schon so gut über Feueralarme und Löschen Bescheid wissen, erzähle ich Ihnen doch gleich einmal von einem echten Brand, den ich erlebt habe.

Feuer!

*E*s war der Tag nach unserer hausinternen Weihnachtsfeier, und allerorts herrschte Katerstimmung. Die meisten Mitarbeiter, die noch im Dienst waren, als ich um 22:30 Uhr das Hotel betrat, bewegten sich im Zeitlupentempo und hatten die Augen nur halb geöffnet. Immer noch wurden massenhaft Aspirin und Rennie-Tabletten eingeworfen. Es schien nur mir gut zu gehen. Ich hatte ja auch in der Nacht davor Dienst gehabt und war als einziger Angestellter des Hotels nüchtern geblieben. An diesem Tag schob Susanne, meine Chefin, gemeinsam mit mir Dienst. Da in den letzten Tagen so viel Arbeit liegen geblieben war, hatte sie sich entschlossen, den Abend und die Nacht zu nutzen, um wieder auf gleich zu kommen. Das war mir sehr recht, denn erstens mochte ich sie, und zweitens war ein wenig Konversation zwischendurch eine angenehme Abwechslung.

Nicht nur die Angestellten des Hotels, sondern auch unsere Gäste schienen an diesem Abend nicht sonderlich fit und motiviert zu sein. Das konnte auch am Wetter liegen. Draußen nieselte es, und es herrschten höchstens ein paar Grad plus. Jedenfalls verließ kaum jemand mehr das Zimmer, und auch die Restaurants waren praktisch leer. Daher schlossen sie früher, und die Küchenmannschaft wurde nach Hause geschickt. Umso mehr wunderte ich mich, als sich plötzlich die automatische Tür zur Küche öffnete, aber niemand herauskam. Ich hatte sie von meinem Pult aus im Blickfeld, und sie wurde durch einen Bewegungssensor aktiviert, also nur, wenn sich drinnen etwas tat. Doch da war niemand, da konnte niemand mehr sein. Alle waren längst zu Hause und schliefen die Nachwirkungen ihres Rauschs vom Vortag aus. Oder?

»Susanne, ist da noch jemand in der Küche?«, fragte ich sicherheitshalber meine Chefin, die in der abgetrennten Kammer hinter der Rezeption arbeitete.

»Nein, da ist schon lang keiner mehr. Wieso?«, antwortete sie.

»Die automatische Tür hat sich geöffnet.«

»Ist wohl eine Fehlfunktion. Sieh bitte nach, ob du sie manuell wieder schließen kannst.«

Ich wollte mich gerade auf den Weg machen, da schloss sich die Tür wieder. Auch gut, konnte ich mir den Weg sparen. Kurze Zeit später öffnete sie sich wieder, ohne dass eine Person hindurchkam. Und dieses Mal sah ich auch etwas Rauch durch die Öffnung qualmen. Er war ziemlich dicht und musste ausgereicht haben, um den Bewegungssensor zu aktivieren.

»Doch, da ist noch jemand drin«, sagte ich. »Irgendwer kocht und hat vergessen, den Dunstabzug einzuschalten. Der Rauch hat den Bewegungsmelder aktiviert und die Tür geöffnet.«

»Wer soll denn bitte um diese Uhrzeit …«

Und dann ging der Alarm los. Zuerst löste der optische Sensor aus und wenige Sekunden später auch der Hitzemelder. Ich starrte auf die blinkenden Lichter der Brandmeldezentrale. Mir gefror das Blut in den Adern. Scheiße! Und dann kam das Adrenalin, und ich begann zu handeln.

»Feuer!«, rief ich zu meiner Chefin ins Hinterzimmer. »Da kocht keiner. Etwas brennt in der Küche!«

Es stand außer Zweifel, dass es sich hierbei um keinen Fehlalarm handelte. Beide Melder hatten angeschlagen, und der Qualm, der aus der Küche kam, sah jetzt immer weniger nach Dampf vom Kochen aus. Susanne rannte aus ihrer Kammer, warf einen Blick auf die Rauchschwaden und griff sofort zum Telefon, um der Feuerwehr, die ohnehin bereits automatisch alarmiert worden war, Bescheid zu sagen, dass es tatsächlich brannte. Das war mit der Feuerwache so vereinbart worden. Ich war als Brandschutzbeauftragter so etwas wie der verlängerte Arm der Feuerwehr im Hotel. Im Falle eines Alarms war es mein Job, möglichst schnell herauszufinden, ob es sich um einen Fehlalarm oder einen echten Brand handelte. Wenn es die Zeit und die Umstände zuließen, sollte ich der Wache telefonisch vorab möglichst viele Details durchgeben.

Als ich zur Küche rannte, schlug mir bereits bei der Tür Hitze entgegen, und ich sah, was passiert war.

»Es sind die Fritteusen. Zwei davon brennen lichterloh.«

Wie sich bei diversen Übungen und Fehlalarmen, die nicht rechtzeitig als solche hatten identifiziert werden können, gezeigt hatte, brauchte die Feuerwehr vom Auslösen des Alarms bis zum Eintreffen im Hotel ziemlich genau sieben Minuten. In der Nacht etwas kürzer. Doch diese Zeit hatte unsere Küche vielleicht nicht, und abgesehen davon war ich hier Chris, der Aushilfsfeuerwehrmann. Also nahm ich den großen CO_2-Löscher von der Küchenwand und ging so nah an den Brandherd heran, wie ich mich eben traute.

Verdammt, war das heiß! Aber es roch herrlich nach Pommes. Ich entfernte die Sicherung, hielt den Löscher so weit wie möglich vom Körper weg, um keine Erfrierungen und Erstickungsanfälle zu bekommen, und drückte den Abzug. Eiskaltes CO_2 schoss in die Flammen, die bis in die Dunstabzugshauben darüber züngelten, und dezimierte sie augenblicklich. Ich entleerte den gesamten Behälter auf die beiden Fritteusen, doch es reichte nicht, um die Flammen zu ersticken. Das heiße Fett entzündete sich immer wieder selbst. Mist! Das Zeug kochte wie meine Freundin damals, als ich ihren Geburtstag vergessen hatte. Ich rannte mit suchendem Blick hinaus in die Lobby. Dort hing noch ein großer Feuerlöscher, der war jedoch nicht für Fettbrände geeignet. Hätte ich das Zeug auf die Fritteusen gespritzt, wären sie explodiert, und ich hätte künftig höchstens als abschreckendes Beispiel bei Brandschutzübungen arbeiten können.

Ich rief hinüber zum Empfang, wo meine Chefin mit an die Wangen gedrückten Handflächen und geöffnetem Mund wartete. »Ich brauche noch einen Feuerlöscher, schnell!«

»Was ist mit dem da?«, schrie sie zurück und deutete auf den ungeeigneten Schaumlöscher vor mir.

»Der passt nicht. Ich will Weihnachten nicht auf der Intensivstation verbringen. Wo ist der nächste Fettbrandlöscher?«

»Woher soll ich das wissen? *Du* bist der Brandschutzbeauftragte.«

Verdammt, da hatte sie recht. Das war ich tatsächlich. Ich rannte in die Kammer hinter der Rezeption. Dort hatten wir verschiedene Feuerlöscher gelagert. Wenn ich Glück hatte, konnte ich einen davon für brennendes Fett verwenden. Und ich hatte Glück. Da war noch ein weiterer CO_2-Löscher. Mit dem rannte ich wieder zurück in die Küche.

»Scheiße, das brennt wieder genauso hoch wie vorher«, schrie ich hinaus.

»Sei vorsichtig, Chris! Die Feuerwehr muss jeden Moment hier sein. Lass es lieber«, rief sie zurück.

Ganz sicher nicht! Susanne hatte es richtig gesagt, ich war der Brandschutzbeauftragte. Und es war mein Job, es zumindest zu probieren. Also entlud ich auch den zweiten Löscher auf die Flammen. Doch auch er konnte sie nicht zur Gänze ersticken.

Ich dachte zurück an meine Brandschutzschulung. Eine Löschdecke, natürlich! Ich brauchte eine Löschdecke. Wieso hatte ich an die bis jetzt noch gar nicht gedacht? Die Küche war sogar mit einer ausgestattet. Für den Fall, dass einmal einer der Restaurantgäste über die Qualität seines Essens so wütend war, dass es zur spontanen Selbstentzündung kam. Und natürlich für den viel unwahrscheinlicheren Fall, dass einmal irgendwo Fett brannte. Ich riss sie von der Wand, packte sie aus und versuchte, sie aus so großer Entfernung wie möglich über die Fritteusen zu werfen. Das erste Mal segelte sie einfach oben drüber und landete neben dem Kühlschrank. Beim zweiten Versuch traute ich mich näher heran und schaffte es, einen Großteil der brennenden Fläche abzudecken. Ich zog einen der dicken Topflappen an, die an der Wand hingen, und zupfte vorsichtig an der Decke, bis sie in Position war. Der Lappen fing sofort Feuer. Ich warf ihn zu Boden und trat die Flammen aus. Die Löschdecke lag nun mittig über den beiden Fritteusen und begann, ihren Job zu tun. Zuerst züngelten seitlich noch ein paar Flammen heraus, doch in kürzester Zeit war das Feuer erstickt.

Wenn ich Ihnen einen Rat geben darf, legen Sie sich so etwas zu. Das Ding kann Leben retten und kommt Sie um einiges günstiger als eine Hauttransplantation.

Das Feuer war aus, doch das Fett wurde noch immer erhitzt. Es war nur eine Frage der Zeit, bis es sich erneut entzünden würde. Dabei hatten die Fritteusen gleich zwei Sicherungen, damit genau das, was passiert war, eigentlich gar nicht passieren konnte. Da war einmal der An- und Ausschalter mit Timer. Wenn der ablief, sollte sich das Gerät automatisch abschalten. Man konnte die Fritteuse gar nicht auf Dauerbetrieb schalten. Dennoch hatte sie offenbar seit Stunden durchgeheizt. Und dann war da noch ein Sicherheitsthermostat. Wenn das Fett zu heiß wurde, sollte es die Stromzufuhr unterbrechen. Beide Sicherheitsmaßnahmen hatten versagt.

Ich musste verhindern, dass das Feuer noch einmal ausbrach. Also hob ich die kochend heißen Fettbehälter aus den Fritteusen. Gaaanz langsam und gaaanz vorsichtig. Jetzt nur nicht stolpern oder ausrutschen. Sonst würde bald selbst Freddy Krueger jeden

Schönheitswettbewerb gegen mich gewinnen. Ich hatte Glück und konnte beide Behälter unbeschadet auf der Nirosta-Arbeitsplatte neben den Geräten abstellen.

Um die nahenden Feuerwehrsirenen zu übertönen, brüllte ich hinaus in die Lobby zu meiner Chefin: »Das Feuer ist aus! Die Sicherungen waren anscheinend defekt.«

Sie hatte in sicherem Abstand gewartet, während ich versucht hatte, das Feuer zu löschen. Nun kam sie herein und sah sich die Bescherung an. Nicht jedoch, ohne mir vorher circa 731 Mal auf die Schulter zu hämmern und auf verschiedenste Arten auszudrücken, wie toll, mutig und heldenhaft ich die Küche und das Hotel gerettet hatte. »Wahnsinn, Chris. Gut gemacht, Chris. Das war so mutig, Chris.«

Die Flammen waren bis zur Decke hochgeschlagen und hatten dort alles geschwärzt und die Deckenpaneele angekokelt. Sonst schien aber kein größerer Schaden entstanden zu sein. Die Küche war voll Fliesen und Edelstahl und dadurch ziemlich feuerbeständig. Dann flogen die Türen des Hotels auf, und die Feuerwehr traf ein.

Ich war stolz und froh, den Brand selbst gelöscht zu haben. Nicht zuletzt aufgrund der Tatsache, dass die eintreffenden Feuerwehrleute alles andere als einsatzfähig waren. Die Besatzung des einen Löschzuges durfte auf Anweisung des Kommandanten nicht einmal das Fahrzeug verlassen, so betrunken war sie. Der Alarm dürfte wohl eine Weihnachtsfeier unterbrochen haben. Für einen Feuerwehrmann war die Vorweihnachtszeit vermutlich noch frustrierender als für einen Night Audit. Die Männer mussten, soweit ich wusste, 24-Stunden-Schichten stemmen. Da blieb wenig Zeit zum Feiern. Dieses Jahr hatte sich aber wohl jemand gedacht: »Ach, was soll's, wir riskieren es. Um 3 Uhr früh fackelt ohnehin keiner mehr seinen Adventskranz ab.« Das stimmte vielleicht, aber Fritteusen, Leute, dicke fette Gastronomie-Fritteusen, die brennen auch um 3 Uhr früh ziemlich gut, wenn alle Sicherungen versagen. Tut mir echt leid, dass das Gebimmel eure Weihnachtsfeier unterbrochen hat.

Ich konnte die Truppe förmlich vor mir sehen, wie sie vor noch etwas mehr als sieben Minuten gemütlich beisammensaß und aß und trank und scherzte. Und wie dann der Alarm kam. Erschrockene Gesichter, Flaschen, die rasch in Spinden verschwanden, und im Raum über ihren Köpfen in einer großen Denkblase, in Großbuchstaben und extrafett geschrieben, das Wort »Scheiße!«.

Der zweite Zug hatte sich offenbar kollegial gezeigt und den ersten nicht alleine trinken lassen. So was nenne ich Zusammenhalt. Vorbildlich, Männer! Sie waren zwar nicht so stark beeinträchtigt wie ihre Kollegen, aber als nüchtern konnte man ihren Zustand auch nicht gerade bezeichnen. Einer der Männer blieb mit seiner Sauerstoffflasche in der Tür hängen, ein anderer verlor seinen Helm, und alle hatten rote Wangen, einen leicht schwankenden Gang und eine anständige Fahne. Was für ein Anblick. Der Einzige, der voll zurechnungsfähig war, war der Kommandant. Ihm meldete ich auch »Feuer aus!« und erntete abermals Lob. Er war sichtlich erleichtert, dass seine Mannschaft in diesem Zustand keinen Brand bekämpfen musste. Obwohl zwei Fritteusen für einen Profi vermutlich ein Klacks gewesen wären.

Zwar drängte meine Chefin darauf, die Aufzüge wieder freizugeben, trotzdem mussten die wenigen Gäste, die um diese Uhrzeit ein und aus gingen, erst einmal weiterhin die Treppen benutzen. Denn das Löschen ist nicht die einzige Aufgabe eines Feuerwehrmannes. Die Männer mussten zuvor noch die Brandursache klären und nach Glutnestern suchen. Wieso hatten beide Sicherungen versagt? Das war, wenn nicht unmöglich, dann doch zumindest extrem unwahrscheinlich. Die Ursache war schnell gefunden.

Bereits nach einer Minute hielt mir der Kommandant ein Buttermesser unter die Nase und sagte: »Faule Sau.«

»Wie bitte?«, antwortete ich.

»Da hatte wohl jemand keine Lust, den Timer immer wieder neu zu stellen, und hat mit dem Messer den Drehknopf blockiert. Und dem Sicherheitsthermostat hat er das Kabel gezogen. Ein echter Hacker.«

Na großartig, einer der Köche hatte die Fritteusen also selbst auf Dauerbetrieb gestellt. Ich hörte nicht zum ersten Mal davon, dass Köche so etwas taten. Schon häufiger hatte es kleinere Disziplinarmaßnahmen deswegen gegeben, weil es einfach gefährlich war, trotzdem kam es immer wieder vor. Und dieses Mal hatte derjenige offenbar vergessen, das Ganze vor dem Heimgehen wieder rückgängig zu machen. Da würde sich morgen jemand etwas anhören müssen, wenn sich herausfinden ließ, wer es gewesen war.

Es folgte die Suche nach Glutnestern, und zwar in allen Teilen des Hauses, die über die Entlüftungsanlage über den Fritteusen mit der Küche verbunden waren. Jede Filtermatte und jedes Stück Isolierung zwischen hier und der Penthouseetage könnte sich zu einem neuen Brandherd entwickeln. Und ein solches Feuer würde man erst entdecken, wenn es bereits zu spät war. Genau das war wenige Jahre zuvor in einem anderen großen Hotel passiert. Das Ergebnis waren ein riesiger Haufen Asche und eine sehr unglückliche Versicherungsgesellschaft gewesen.

Gegen 4 Uhr hob die Feuerwehr dann endlich den Alarmzustand auf. Die Männer drückten uns die unterschriebenen Protokolle in die Hand und rückten mit all ihren Gerätschaften ab. Zumindest mit fast allen.

»Ich glaube, einer Ihrer Männer hat etwas bei uns vergessen«, sagte Susanne hämisch grinsend ins Telefon, nachdem sie die Nummer der Feuerwache gewählt hatte. »Doch, das kann sein.

Es liegt hier neben mir. So ein Ding zum Löschen, ein Helm und eine Axt. Ja, kein Problem, wir verwahren es so lange.«

Einige Zeit später kam der Kommandant persönlich vorbei und holte die Löschspritze und das restliche Equipment ab. Er entschuldigte sich vielmals für den Auftritt seiner Mannschaft und bat uns, das Ganze nicht an die große Glocke zu hängen. Und das taten wir auch nicht. Wir behielten für uns, in welchem Zustand die Männer bei uns eingetroffen waren. Schließlich war ja alles gut gegangen, und den Schock würden die Feuerwehrleute ohnehin noch jahrelang nicht vergessen. Das wusste man offenbar zu schätzen, denn seit dieser Nacht hatten wir, und ganz besonders ich, einen Stein bei der lokalen Feuerwehrstation im Brett. Bei allen darauffolgenden Alarmen und Fehlalarmen wurde ich fast wie ein Kollege behandelt.

Auf Susannes Empfehlung wurde ich zum Mitarbeiter des Monats ernannt. Ich wurde zu einem Abendessen mit dem General Manager eingeladen und erhielt eine saftige Prämie. Für einen Teil des Geldes kaufte ich für zu Hause einen Feuerlöscher und eine Löschdecke. Und ich brachte die Fritteuse auf den Müll.

Zahltag

Wir hatten wieder einmal einen ausländischen Gast, dem alles, wirklich alles, von seinem hiesigen Geschäftspartner bezahlt wurde. Ganz gleich, was er bestellte, ganz gleich, wie ausgefallen seine Wünsche waren, die Rechnungen wurden, ohne mit der Wimper zu zucken, übernommen. Er war Einkäufer einer großen Moped- und Motorradmarke, und das Unternehmen, das mit ihm ins Geschäft kommen wollte, hatte dem Hotel bereits im Vorfeld eine Art Blankoscheck für ihn ausgestellt. Dementsprechend hatte man mich gebrieft, einfach zu jeder seiner Bitten und Anfragen Ja zu sagen. Ganz gleich, was es war und was es kostete. Ich hatte ähnliche Arrangements natürlich bereits erlebt, aber dieses Maß an Freizügigkeit überraschte sogar mich. Dagegen war man bei den Waffenhändlern damals ja richtig knauserig gewesen. Wäre es nicht schön, wenn man daraus schließen könnte, Mopeds seien ein noch besseres Geschäft als Waffen?

Natürlich war der Mann darüber im Bilde, dass ihn sein Aufenthalt in der Stadt nicht einen Cent kosten würde. Entsprechend gut ließ er es sich gehen. Ich buchte für ihn einen Hubschrauberrundflug über die Stadt. Auch die Rechnung für das Handtäschchen von Christian Louboutin, das er für seine Frau gekauft hatte, übernahm selbstredend der Geschäftspartner – dabei ging es ja auch nur um läppische 1800 Euro. Sämtliche Wege erledigte er mit einem persönlichen Limousinenservice. Im Restaurant bestellte er so ziemlich alles von der Speisekarte, was irgendwie besonders exklusiv klang – und ließ dann das meiste davon stehen. (Das erinnerte mich ein wenig an die drei extrem reichen

Typen, die bei uns einmal pro Person 20 – ja, zwanzig – Forellen bestellt hatten, um dann nur deren Wangenfleisch zu essen. Der Rest der Fische wurde zurückgeschickt. Da soll noch einer sagen, Geld würde nicht den Charakter verderben.) Unser Gast ließ sich zudem täglich einen Masseur und eine Kosmetikerin aufs Zimmer kommen. Natürlich von den besten Studios der Stadt. Der Kollege vom Tagdienst besorgte für ihn Opernkarten für eine Vorstellung, die bereits seit Monaten ausverkauft war. Er drückte sie mir Augen rollend und seufzend bei Dienstübergabe in die Hand. Es musste wohl ein ordentliches Stück Arbeit gewesen sein, und ich wollte gar nicht wissen, was die auf dem Schwarzmarkt gekostet hatten. Und als er eines Nachts vom Casino heimkam, wurde auch die Rechnung für das, was er dort konsumiert und verspielt hatte, vom Hotel beglichen. Die Kosten? Ich will es mal so ausdrücken: Professioneller Pokerspieler würde aus dem Mann keiner mehr werden.

Und natürlich, wie könnte es anders sein, kam auch eines Abends die obligatorische Frau aufs Zimmer. Top Escortagentur, top Mädel. Alles first class. Nachdem wir im Haus, wie bereits an anderer Stelle erwähnt, keine Vermittlungen dieser Art vornahmen, hatte er einfach bei seinem Geschäftspartner angerufen, ganz offiziell im Büro bei dessen Sekretärin, und sie gebeten, das für ihn zu organisieren. Ich weiß nicht, wie es Ihnen geht, aber mir wäre so etwas einfach zu peinlich. Wenn du jedoch eine Zeit lang so ein Leben führst, dann verlierst du offenbar jegliches Schamgefühl. Sein Partner hier in der Stadt hatte auch nicht das geringste Problem damit gehabt, ihm diese Dienstleistung zu organisieren. Ich wurde vorab darüber informiert, dass die Dame in Kürze eintreffen würde, und darum gebeten, sie – ohne zuvor nachzufragen – hinauf auf das Zimmer des Mannes zu schicken. Man teilte mir auch mit, dass sie für fünf Stunden gebucht und die Rechnung bereits im Vorhinein beglichen worden war. Ich schickte die Frau also hinauf und staunte nicht schlecht, als ich sie eine Stunde später samt dem Einkäufer wieder herunterkommen sah. Er verabschiedete sie freundlich, Küsschen und alles, und winkte ihr nach. Das schien ja gut gelaufen zu sein.

Und wissen Sie, was er dann gemacht hat? Kam der Typ doch tatsächlich zu mir und sagte: »Die Frau war für fünf Stunden bezahlt, ich habe aber nur eine gebraucht. Zahlen Sie mir bitte den Rest in bar aus.«

Das war mir dann doch zu dreist. Ja, man hatte mich angewiesen, jede Rechnung für ihn zu übernehmen. Aber Bargeld für nicht durchgeführten Sex auszuzahlen, das ging für meine Begriffe zu weit. Also griff ich zum Hörer und rief die Person an, die das Escortgirl organisiert hatte. Doch den Anruf hätte ich mir sparen können. Ich bekam nur die Frage gestellt, ob ich die Bedeutung der Worte »Alles, was er will« nicht verstehen würde, und wurde angewiesen, ihm die »verfickte Stunde« (O-Ton) abzuziehen und den Restbetrag sofort auszuzahlen. Was ich dann auch tat. Geld verdienen, indem man möglich schnell kommt. Das war mir neu. Aber ein durchaus interessantes Geschäftsmodell. Ich nahm mir vor, in meinem nächsten Leben in die Zweiradbranche zu gehen.

Richard von Weizsäcker

In unserem Hotel waren Haustiere nicht gestattet. Das musste ich auch dem Walk-in mitteilen, der gerade vor mir an der Rezeption stand. Unter Walk-in versteht man einen Gast, der ohne Reservierung vorbeikommt und nach einem Zimmer fragt. Wir hatten noch Zimmer frei, das wäre nicht das Problem gewesen, aber die feine ältere Dame hatte einen kleinen Hund auf dem Arm, einen Chihuahua. Der röchelte, als würde er gerade seine letzten Atemzüge tun. Doch er überlebte. Also musste ich der Dame sagen: »Es tut mir leid, aber Hunde sind in unserem Haus nicht gestattet.«

»Ach, der ist doch so klein. Sehen Sie nur. Das ist ja fast kein Hund, der süße Kleine«, sagte sie zu mir. Und dann zu ihrem Wauwau in dieser ganz bestimmten Tonart, in der man nur mit seinen Haustieren oder vielleicht noch mit Babys spricht: »Ja, du Süßer. Du bist ein ganz Süßer. Der Süßeste, der Beste. Der Onkel mag dich auch. Ja, natürlich.«

Sie hielt mir den Hund vor die Nase, und der begann sofort, seine kleine Zunge in Richtung meiner Nase auszustrecken. Ich wich zurück. Sosehr ich Hunde auch grundsätzlich mochte, aber im Gesicht ablecken ging gar nicht. Da musste ich immer an all die haarigen Hintern denken, die zuvor schon von dieser Zunge liebkost worden waren.

»Ja, er ist wirklich sehr süß und sehr klein. Aber auch halbe oder viertel Hunde fallen unter diese Regelung, sorry!«, sagte ich.

»Aber ich brauche dringend ein Zimmer für zwei Nächte. Und Ihr Hotel wurde mir wärmstens empfohlen.«

»Wir haben auch noch Zimmer frei, und ich würde Ihnen gerne eines geben, aber eben nur ohne Hund.«

»Ja, wo soll ich denn mit ihm hin?«

»Wenn Sie wollen, suche ich Ihnen im Internet eine Hundepension.«

»Niemals!«, sagte die Dame empört. »Das kommt gar nicht infrage. Mein Richard von Weizsäcker schätzt die Gesellschaft anderer Hunde gar nicht. Und auch nicht ihre Flöhe und Läuse.«

»Dann kann ich Ihnen nicht helfen, tut mir leid. Ich darf Sie mit dem Hund nicht hereinlassen.«

»Ach, jetzt seien Sie doch mal nicht so«, sagte sie, zusehends genervt. »Können Sie nicht ein Auge zudrücken? Sehen Sie her, ich stecke ihn einfach hier unter meinen Mantel, und niemand sieht etwas.« Sie hielt den Chihuahua auf Hüfthöhe nah an ihren Körper und verdeckte den Hund mit ihrem Mantel. Er war tatsächlich nicht zu sehen. »Wenn Sie kurz nicht hinsehen, dann würde ich mich dafür erkenntlich zeigen.« Sie rieb Zeigefinger und Daumen aneinander.

»Es tut mir leid, ich darf das nicht tun«, sagte ich bestimmt und ging davon aus, dass das Thema damit nun endlich erledigt wäre.

Doch die Dame ließ nicht locker.

»Wieso nicht? Der ist doch ganz brav. Das sehen Sie doch. Der tut nichts.«

Während sie das Wort »brav« aussprach, begann der Hund sich in ihren Armen zu winden. Bei »der tut nichts« riss er sich los, sprang auf den Boden und rannte davon. Die Frau war entsetzt und rannte hinter ihm her. »Richard, komm, sitz, bleib, aus!« Doch der Hund scherte sich nicht um die Kommandos seiner Besitzerin. »Richard von Weizsäcker!«, rief sie streng. »Du kommst jetzt auf der Stelle her!« Unnötig zu erwähnen, dass auch dieser Zuruf den Hund kaltließ.

Der Chihuahua rannte wie verrückt durch die Lobby. Zwischen den Sofas hindurch, hinter der großen Palme vorbei, unter den Tischen durch. Sein Frauchen rannte Handtasche schwingend und Richard rufend hinter ihm her. Es war ein Bild wie aus einer Slapstick-Komödie aus der Stummfilmära. Schließlich rannte der Hund in Richtung Haupteingang, platzierte sich vor die Tür und setzte dort einen für einen so kleinen Hund beachtlich großen Haufen. Glücklicherweise lag an dieser Stelle kein Teppich.

»Richard von Weizsäcker!«, rügte ihn die Dame vollkommen außer Atem, als sie bei ihm angekommen war. »Sieh nur, was du da angerichtet hast.«

Sie hob Richard hoch und kam mit ihm auf dem Arm zurück zu mir.

»Entschuldigen Sie bitte, ich weiß nicht, was mit ihm los ist. Das hat er noch nie gemacht. Es muss die ungewohnte Umgebung sein. Es tut mir so leid, dass Sie das jetzt wegmachen müssen«, sagte sie.

»Das muss Ihnen nicht leidtun«, sagte ich. »Ich werde es nämlich bestimmt nicht wegmachen.« Ich hielt ihr einen Stapel Papierhandtücher hin, die ich immer für alle Fälle bei mir liegen hatte.

Sie blickte mich mit einer Mischung aus Ungläubigkeit und Verärgerung an, nahm die Handtücher dann aber wortlos entgegen und begann, das Häufchen wegzuwischen. Sie würgte jedes Mal, wenn sie sich über das stinkende Häufchen beugte.

Offenbar war sie nicht sehr geübt darin, die Hinterlassenschaften ihres Hundes zu beseitigen. Sie war vermutlich für so manches Glück verantwortlich, in das ich schon getreten war. Die Übung tat ihr also ganz gut, wie ich fand.

Als sie die Bescherung entfernt hatte, kam sie wieder zurück zu mir und sagte: »Richard macht nur einmal am Tag. Für heute wäre das somit schon erledigt. Sie müssen sich also keine Sorgen um eine Verunreinigung des Zimmers mehr machen.«

Ich schnaufte und sagte: »Es tut mir leid, das ändert nichts. Hunde sind auch in entleertem Zustand nicht erlaubt.«

»Ach lecken Sie mich doch am Arsch!«, brüllte sie mir plötzlich ins Gesicht, packte ihren Richard und stürmte entrüstet aus dem Hotel.

Ach ja, die feine Gesellschaft. Immer für Feinheiten gut.

Die Epidemie

𝓔s war ein schöner Sommertag gewesen, und ich kam gut gelaunt zur Arbeit. Es versprach auch eine angenehm ruhige Nacht zu werden. Außer ein paar Late Arrivals und einem Checkout gegen 4 Uhr morgens stand nicht viel auf der Liste. Also lehnte ich mich zurück und nahm mir vor, endlich wieder mal ein paar Seiten in Chuck Palahniuks *Das Kainsmal* zu lesen. Irres Buch.

Gegen 23:30 Uhr hielt ein großer Bus vor dem Haupteingang. Eines dieser Luxusmonster mit zwei Decks, getrennt regelbarer Klimaanlage, WLAN, Toiletten, Bar und wahrscheinlich auch noch Swimmingpool, Bowlingbahn und Einkaufszentrum. Das musste dann wohl die Reisegruppe US-amerikanischer Touristen sein, die heute eingecheckt hatte. Der Kollege vom Tagdienst hatte mir bei seiner Übergabe von ihnen und dem Hauch von Tod und Mottenkugeln, der sie umwehte, erzählt. Ungefähr 40 Männer und Frauen zwischen 75 und 85 Jahren. Es war eine dieser organisierten Seniorenreisen durch Europa. Ich glaube, der Veranstalter hieß Golden Circle. Oder war es Last Journey? Die Gruppen flogen meist Budapest an und machten sich von dort per Bus auf nach Prag, Bratislava oder Wien, um dann im Laufe der nächsten zwei bis drei Wochen einige weitere europäische Länder und Städte zu besuchen. Eine schöne Sache, besonders wenn man sein gesamtes bisheriges Leben nur im eigenen Land verbracht hatte. Der Bus hatte sie am Abend in eine Buschenschenke außerhalb der Stadt gebracht, damit sie sich dort einmal durch die lokale Küche essen und trinken konnten. Nun war der Ausflug offenbar zu Ende.

Die ersten Gäste betraten das Hotel, und ihre gute Stimmung war unüberseh- und -hörbar. Lautes Gelächter und Gesang und Gruppen von Senioren, die mit eingehängten Armen nebeneinander gingen wie Teenager auf Klassenfahrt, die heimlich eine Flasche Kirschrum mitgebracht hatten. Offenbar hatten zumindest die hiesigen Weine einigen Anklang gefunden. Einige aus der Gruppe hatten sich auch von einem Straßenverkäufer diverse Kopfbedeckungen andrehen lassen. Einer trug einen Reif mit rot leuchtendem Geweih auf der Glatze, und eine weißhaarige Dame hatte etwas auf, das aussah wie das Gesicht einer Katze, deren Pfoten, in vielen Farben blinkend, an ihren Wangen baumelten. Ich musste einfach schmunzeln, als ich die älteren Herrschaften so fröhlich zu den Aufzügen schlendern sah. So gut drauf wollte ich in dem Alter auch noch sein. Zwei von ihnen benötigten neue Zimmerschlüssel, weil sie ihre unterwegs irgendwo verloren hatten. Die lagen jetzt vermutlich zwischen den Resten von Blutwurst und Kartoffelsalat in einer Buschenschenke. Ich codierte ihnen neue Keycards und wünschte noch einen schönen Abend. Es dauerte sicher eine Viertelstunde, bis die gesamte illustre Gesellschaft ihren Weg zu den Zimmern gefunden hatte. Sie würden vermutlich bald einschlafen, und ich könnte mich wieder meinem Buch widmen.

Zumindest hatte ich das gedacht.

Keine zwanzig Minuten nachdem sich die Aufzugtür das letzte Mal geschlossen hatte, läutete das Telefon. Es war einer der Gäste, und er sagte, es würde ihm nicht gut gehen. Er hätte so ein Drücken und Stechen in Bauch und Brust und wisse nicht, was er tun solle.

»Ich bin kein Arzt, Sir«, antwortete ich. »Aber wenn Sie fürchten, dass es sich um etwas Ernstes handelt, dann kann ich einen Ambulanzwagen oder den Notarzt kommen lassen.«

»Nein, das wäre übertrieben, so schlimm ist es nicht. Ich warte lieber noch ein wenig ab. Vielleicht vergeht es ja von ganz alleine. Ich melde mich dann später noch einmal.«

Damit legte er auf. Wenige Minuten später läutete es wieder. Eine Dame meldete sich, ebenfalls aus der Seniorenreisegruppe.

»Ich war bereits mehrmals auf der Toilette. Es rinnt und rinnt und hört einfach nicht auf. Und ich habe schreckliche Bauchschmerzen.«

Ich verscheuchte die Bilder aus meinem Kopf und sagte der Dame dasselbe wie dem Herrn zuvor. Doch auch sie lehnte ab. Mit Blaulicht ins nächste Spital gefahren zu werden war natürlich wenig verlockend, besonders wenn man sich keine zwei Meter vom Klo entfernen konnte. Da biss man gerne noch ein wenig die Zähne zusammen und hoffte auf Besserung.

Doch es wurde nicht besser, sondern schlimmer. Innerhalb einer halben Stunde riefen zwölf der vierzig Gäste aus der US-Reisegruppe an und klagten über ähnliche Symptome: Bauchschmerzen, Stechen in der Brust, Durchfall, Erbrechen, Atemnot. Und natürlich konnte keiner von ihnen einschlafen. Alles deutete auf eine Infektion oder irgendeinen Virus hin, den sich die Gruppe eingefangen hatte. Vielleicht Salmonellen, Legionellen, Rotaviren, jedenfalls nichts, auf das ich besonders scharf war. Ich musste dringend den Namen der Buschenschenke recherchieren, um dort ja niemals versehentlich hinzufahren.

Und dann kamen sie auch noch teilweise zu mir herunter in die Lobby, um mir persönlich ihr Leid zu klagen. Ich versuchte, so viel Abstand wie möglich zwischen mich und die infizierten Gäste zu bringen. Es sah vermutlich seltsam aus, wie sie da nach vorne gebeugt am Pult lehnten und ich mich fast schon bis zur

Tür unseres Kämmerchens hinter der Rezeption zurückgezogen hatte. Aber das war mir egal. Ich hatte keine Lust auf den Scheiß. Im wahrsten Sinne des Wortes. Ich versuchte, möglichst kurze Sätze zu sprechen, dabei den Mund kaum zu öffnen und dazwischen immer wieder lange die Luft anzuhalten. Das war natürlich lächerlich, aber es half zumindest in meiner Vorstellung. Ich sah schon die Armee mit ein paar Blackhawk-Helikoptern ein riesiges Zelt über unser Hotel stülpen, um es dann für die nächsten Wochen zur Quarantänezone zu erklären. Mit bewaffneten Wachen davor und Männern mit Flammenwerfern, um Flüchtende abzufackeln. Und am Ende würde man die Seuche vielleicht nur noch mit der Hilfe von Atomwaffen auslöschen können. Dabei hatte meine Freundin doch in zwei Tagen Geburtstag. Und wenn ich den noch einmal versäumte, dann würde mich auch die Armee nicht mehr retten können.

Nein, so durfte es nicht enden. Abgesehen davon ging es einigen Gästen wirklich schlecht. Sie brauchten ärztliche Hilfe. Auch wenn sie die bisher alle abgelehnt hatten und lieber mich infizierten, als ins Spital zu fahren, musste ich jetzt aktiv werden. Ob sie es wollten oder nicht. Nicht zuletzt hatte ich auch eine Verantwortung den anderen Gästen des Hotels gegenüber. Ich musste eine Ausbreitung der Krankheit verhindern. Also griff ich schließlich zum Telefon. Wir hatten eine Datei mit laufend aktualisierten Nummern von ein paar Notärzten am Computer der Rezeption. Mit genauen Informationen darüber, zu welchen Uhrzeiten sie Dienst hatten und wer gerade auf Urlaub war.

Kurze Zeit später stand Herr Dr. Russ bei mir an der Rezeption. »Also, wo zwickt's denn?«, fragte er.

»Zwölf Gäste aus den USA haben sich bei einem Besuch einer Buschenschenke anscheinend mit irgendetwas infiziert. Vielleicht Salmonellen oder so.«

»Möglich.«

»Jedenfalls leiden sie allesamt an Bauchschmerzen, Übelkeit, Erbrechen und Durchfall. Die meisten bekommen auch schwer Luft. Und ich wollte Sie bitten, sich das anzusehen.«

»Was haben die Leute gegessen?«

»Keine Ahnung. Was es eben in Buschenschenken so gibt, vermute ich.«

»Okay, dann geben Sie mir bitte die Zimmernummern der Erkrankten. Ich werde sie mal durchchecken.«

Ich schrieb die Nummern auf einen Zettel, und der Arzt wollte sich schon auf den Weg zu den Aufzügen machen, als ich ihn aufhielt.

»Entschuldigung. Bevor Sie nach oben fahren, hätte ich noch eine Frage. Kann es sein, dass ich mich ebenfalls infiziert habe? Die Gäste sind auch zu mir an die Rezeption gekommen. Meine Freundin hat nämlich in zwei Tagen Geburtstag und ich ...«

»Haben Sie einen von ihnen geküsst oder Geschlechtsverkehr mit einer der Personen gehabt?«, fragte der Arzt trocken.

»Was? Nein!«

»Dann ist die Gefahr gering.«

»Aber ich habe zwei Personen aus der Gruppe neue Keycards codiert und sie dann persönlich übergeben«, fiel mir ein.

»Oje, dann haben Sie es vermutlich auch. Plastik ist ein guter Leiter.«

»Wirklich, glauben Sie?«

»Nein, sehr unwahrscheinlich.«

Hey, der war gar nicht mal schlecht gewesen. Hätte er ihn bei jemand anderem gebracht, hätte ich gelacht. Aber mit meiner Angst spielte man nicht! Ich ließ Dr. Russ ohne weitere Fragen nach oben fahren und griff zum Telefon, um jedes betroffene Zimmer zu informieren, dass sich ein Arzt auf dem Weg zu ihnen befand und sie ihm bitte öffnen sollten. Es dauerte über eine Stunde, bis er alle Zimmer und Patienten besucht hatte. Schließlich kam er wieder zurück in die Lobby und lehnte sich an mein Pult.

»Und, wie ist Ihre Diagnose? Welches Virus ist es?«, fragte ich.

»Vermutlich das Sauerkrautvirus«, antwortete Dr. Russ.

»Das kenne ich gar nicht.«

»Wenn Sie mich fragen, haben die alle einfach nur zu viel gegessen. Daher die Bauchschmerzen und die Atemnot. Und obendrein kann der US-amerikanische Verdauungstrakt zwar zehn Kilogramm Burger, Rippchen und Donuts pro Tag verarbeiten, aber mit einer Mischung aus Blutwurst, Sauerkraut, Kartoffelsalat und Bratenfettbrot mit Zwiebeln ist er überfordert. Dann noch einen reschen Weißen obendrauf, und wir haben …« Er deutete nach oben an die Decke, also in Richtung der Zimmer. »Deren Körper versuchen gerade, das Gegessene so schnell wie möglich wieder auszuscheiden. Oben und unten, bei allen zur Verfügung stehenden Öffnungen.«

»Also kein Virus, keine Gefahr für die anderen Gäste?«, fragte ich.

»Mit an Sicherheit grenzender Wahrscheinlichkeit nicht«, sagte der Arzt. »Ich besitze kein mobiles Labor. Wenn es den Gästen morgen immer noch schlecht geht, sollten sie einen Bluttest machen lassen. Ich denke aber nicht, dass das nötig sein wird.«

»Und was soll ich jetzt tun?«

»Schicken Sie jemanden zur Nachtapotheke, ein Antazidum besorgen. Wer das nicht nehmen will, soll einfach einen Schnaps trinken.«

»Und dann?«

»Dann werden sie noch eine Weile rülpsen, furzen und kacken, und dann wird es ihnen wieder besser gehen.«

Ich mochte diesen Arzt. Er war so erfrischend direkt und verwendete keine Worte, die Nichtmediziner nicht verstehen. Und er lag mit seiner Diagnose auch noch richtig. Nachdem ich aus der Nachtapotheke mehrere Packungen Magentabletten hatte liefern lassen und die Gäste sie eingenommen hatten, rief niemand mehr an. Wobei ich mir sicher war, dass die beruhigenden Worte des Arztes mehr zur Besserung beigetragen hatten als die kleinen Tabletten gegen Sodbrennen. Die waren wohl eher als Placebo gedacht. Um 3 Uhr früh war dann endlich Ruhe im Karton. Ich nahm mir *Das Kainsmal* zur Hand und … legte es auch gleich wieder weg. Darin ging es um Krankheiten.

Kinderprogramm

*E*s gibt viele Dinge, die ich am Verhalten von Gästen nicht verstehe. Zum Beispiel, warum manche immer noch die Erotik- oder Pornokanäle in Hotels nutzen. Es gibt seit Langem ein breites Angebot an Gratispornografie im Internet. Früher hat man sich die Filmchen runtergeladen, heute werden sie einfach über diverse Plattformen gestreamt. Hunderttausende Stunden Programm für alle Spielarten und Fetische, und Sie müssen dafür nicht einen einzigen Euro abdrücken. Habe ich gehört. Sie selbst nutzen ein solches Angebot natürlich auch nicht, niemals! Aber Sie haben sicher schon einmal vom Schwager des Bekannten der Schwester eines Freundes gehört, dass es so etwas wie Onlinepornografie gibt. Und Sie wissen, dass man sie auf jedem Mobiltelefon und jedem Laptop ganz einfach auch im Hotel konsumieren kann.

Trotzdem gibt es immer noch erstaunlich viele Menschen, die, kaum sind sie auf dem Zimmer angekommen, als Erstes einmal einen dieser Kanäle aufrufen. Warum? Haben sie Angst vor Cookies auf ihren Geräten? Dass dann mitten im gemeinsamen YouTube-Schauen mit der Familie plötzlich eine Werbung für eine Penisverlängerung oder willige Hausfrauen aus der Nachbarschaft die neueste Folge von *Feuerwehrmann Sam* unterbricht? Cookies kann man löschen. Haben sie Angst, dass ihre Frau den Browserverlauf durchstöbert und sie zur Rede stellt? Oder gar darauf besteht, dass sie mit ihr das machen, was sie sich online angesehen haben? Auch der Browserverlauf lässt sich löschen. Sogar automatisch, wenn man das möchte. Oder haben die Leute gar Angst vor Outing oder Erpressung? Dass irgendjemand drohen könnte, zu veröffentlichen, welchen sexuellen Neigungen sie frönen? Na, dann kann man sich ja um Himmels willen einen VPN für ein paar Euro im Jahr zulegen und seine Filme über den Tor-Browser laufen lassen. Schadet auch sonst nicht, wenn man auf Anonymität im Netz Wert legt. Wer nicht weiß, was diese zwei Dinge sind, einfach googeln.

Selbst wenn man nicht in der Lage oder willens ist, eine der oben genannten Maßnahmen zu ergreifen, sollte man bedenken: Man wohnt üblicherweise nicht ewig in einem Hotel. Irgendwann muss man abreisen. Und dann ist da jemand wie ich und hält einem eine Rechnung für die konsumierten Zusatzdienste unter die Nase und bittet darum, diese zu begleichen, während einem Frau und Kind zusehen. Womöglich stehen auch noch andere Gäste um einen herum und hören mit. Nicht gerade sehr anonym. Wie auch der Herr, von dem ich Ihnen jetzt erzählen möchte, festgestellt hat.

Es war ungefähr 4 Uhr in der Früh. Ich war bereits informiert worden, dass die Gäste um diese Uhrzeit auschecken würden. Sie kamen ziemlich pünktlich aus den Aufzügen. Eine Familie aus einem Land, in dem Staat und Religion es verbieten, Pornografie zu konsumieren. Mann, Frau und zwei Kinder. Der Mann kam zu mir an die Rezeption. Die Frau blieb ein Stück hinter ihm stehen. Sie hielt eines der Kinder schlafend auf dem Arm und das andere, das die Augen gerade einmal so offen halten konnte, an der Hand.

»Guten Morgen, ich würde gerne auschecken, bitte«, sagte der Mann.

»Guten Morgen. Selbstverständlich. Zimmernummer 303, richtig?«, antwortete ich.

»Richtig.«

»Lassen Sie mich mal sehen. Die Zimmer selbst wurden bereits vorab online bezahlt. Aus der Minibar hatten Sie nichts. Bleibt nur mehr die Rechnung für das Pay-TV.«

Ich schob ihm die sehr saubere Rechnung über den Tresen. Darauf stand nichts außer Pay-TV für jeden Tag, den die Familie hier gewesen war. Diese Posten, die bei uns unter dem Titel »Entertainment« liefen, stachen dafür umso mehr ins Auge.

Daher als Tipp für Sie, wenn Sie gewisse genutzte Extras beim Check-out verschleiern wollen: Zahlen Sie nicht im Voraus, konsumieren Sie etwas aus der Minibar, lassen Sie die Restaurantrechnungen aufs Zimmer schreiben und zahlen Sie dann einfach den Gesamtbetrag. So gehen die geschauten Pornos einfach unter.

Und sollte sich wirklich jemand zu Hause die Rechnung näher ansehen und fragen: »Warum steht da Entertainment? Was meinen die damit?« Dann sagen Sie einfach: »Entertainment? Keine Ahnung, da muss dem Hotel wohl ein Fehler unterlaufen sein. Ich rufe gleich morgen in der Mittagspause mal dort an und werde das klären.« Was Sie natürlich niemals tun.

»Pay-TV?«, fragte der Mann unsicher.

»Ja, es wurde jeden Tag Pay-TV konsumiert.«

»Nein, das muss ein Fehler sein.«

»Die Pay-TV-Nutzung wird von unserem System automatisch erfasst und der jeweiligen Zimmernummer zugeordnet. Fehler sind daher ausgeschlossen.«

»Nein, Ihr System arbeitet anscheinend nicht korrekt.«

An dieser Stelle sollte ich ergänzen, dass wir solche Diskussionen immer wieder mal hatten.

Es gab Leute, die einfach abstritten, Pay-TV konsumiert zu haben. Ganz gleich, welche Beweise man ihnen vorlegte, sie waren es nicht gewesen. Es musste ein technischer Fehler gewesen sein, oder das Reinigungspersonal hatte sich die Filme reingezogen, sie würden ganz sicher nicht bezahlen. Die Gäste waren empört, erzürnt, spielten beleidigt, drohten mit schlechten Bewertungen und damit, niemals wiederzukommen, wenn wir unseren Fehler nicht zugeben würden.

In der Vergangenheit hatten wir es dann so gehandhabt, dass wir eine Zeit lang versuchten, die Außenstände des Gastes einzutreiben. Irgendwann, wenn der Gast lange genug auf seinem Standpunkt beharrt hatte, gaben wir auf. Wir ließen ihn einfach abreisen und schluckten seine Schulden. Vor wenigen Wochen jedoch hatten wir die Anweisung bekommen, dass damit nun Schluss sei. Diese Praxis würde uns einfach zu viel Geld kosten. Keine geschenkten Pornos, keine Ausnahmen mehr. Jeder hatte seine Extras zu bezahlen, auch wenn wir dafür die Polizei rufen mussten.

Also sagte ich notgedrungen, obwohl ich den Konflikt gerne vermieden und ihm seine Filmchen geschenkt hätte: »Es ist noch nie vorgekommen, dass das Pay-TV falsch zugeordnet wurde. Ich muss Sie bitten, die Rechnung zu begleichen.«

Der Mann begann leicht zu zittern, und die Röte stieg ihm ins Gesicht. Er atmete einmal tief durch und drehte sich dann zu seiner Familie um. »Geht ihr bitte schon mal vor zum Auto? Ich muss noch etwas mit dem Herrn hier besprechen und komme gleich nach.«

»Worum geht es denn?«, fragte die Frau.

»Nichts, nur ein technisches Problem mit der Kreditkartenzahlung. Es wird nicht lange dauern. Geht bitte schon mal vor.«

»Was gibt es da noch zu zahlen? Wir hatten doch nichts.«

»Ja, genau, das, äh, ist auch ein Thema. Wir besprechen das gerade.«

»Versuch es doch mal mit meiner Karte, wenn noch etwas offen ist. Vielleicht geht ja die.«

Seine Mimik signalisierte: *Bitte halt jetzt endlich deinen Mund, hör auf, Fragen zu stellen, und geh mit den Kindern ins Auto!*

Laut sagte er: »Nein, nein, schon in Ordnung. Ich mach das schon.«

»Okay, wie du meinst«, entgegnete sie, nahm die Kinder und machte sich auf den Weg zu den Aufzügen.

Der Mann wartete, bis sie eingestiegen waren, und wandte sich dann wieder mir zu. »Wollen Sie behaupten, ich hätte Sexfilme konsumiert?«

»Nein, ich sage nur, dass jeden Tag Pay-TV geschaut wurde.«

Auf der Rechnung stand schließlich auch ganz harmlos »Entertainment« und nicht Erotik-Kanal 3, Pornokanal 1 oder gar ein Filmtitel. Wir wussten selbstverständlich trotzdem, was er sich angesehen hatte: erstklassige Erwachsenenunterhaltung. Das wurde jedoch nicht auf die Rechnung gedruckt. Es gab also eigentlich keinen Grund, sich aufzuregen. Aber ja, wenn das schlechte Gewissen einen schon tagelang plagt, dann reagiert man eben manchmal komplett irrational.

»Ich schaue solchen Schund nicht«, sagte er mit grollender Stimme. Seine Miene verfinsterte sich.

»Das habe ich auch nicht behauptet.«

»Wieso soll ich es dann zahlen?«

»Sie zahlen Pay-TV, weil Sie Pay-TV konsumiert haben.«

»Ich habe keine Por... solche Filme gesehen.« Er wurde immer wütender. »In meiner Religion ist es verwerflich und verboten, so etwas anzusehen. Und ich bin strenggläubig. Ich würde niemals dagegen verstoßen. Das ist eine üble Unterstellung von Ihnen. Das lasse ich mir nicht gefallen.«

Es schien jetzt, als würde er jeden Moment über den Tresen springen und mich erwürgen. Er beugte sich weit nach vorne, sodass wir beinahe Nase an Nase waren.

Waren das Sour-Cream-Chips, die ich in seinem Atem roch?

Egal, die hatte er sicher selbst mitgebracht und nicht aus unserer Minibar genommen.

»Das ist Gotteslästerung, was Sie da machen«, sagte er bedrohlich leise. »Das werde ich nicht hinnehmen.«

Jetzt wurde es heikel. Das war genau eine jener Situationen, in denen wir früher aufgegeben und den Gast hatten davonkommen lassen. Aber das war mittlerweile leider keine Option mehr. Ich musste die Situation also anders entschärfen. Und zwar schnell.

»Ich sage noch einmal: Niemand behauptet, Sie hätten Pornografie konsumiert. Ich sage lediglich, dass Pay-TV geschaut wurde. Das könnten auch Dokus gewesen sein oder Kinderfilme.«

Na, wenn das keine Rettungsleine war. Jetzt musste er sie nur noch ergreifen. Und tatsächlich, sein Gesicht hellte sich etwas auf.

»Kinderfilme?«, fragte er vorsichtig. »Sie haben auch Kinderfilme?«

»Ja, sogar zwei Kanäle. Kinderfilme von früh bis spät. Kann es sein, dass sich Ihre Frau mit den Kindern etwas angesehen hat?«

Und dann griff er zu. »Ja, das könnte natürlich sein. Das muss es sein.«

Erleichterung entspannte seine Gesichtszüge. Seine Mundwinkel gingen sogar ein wenig nach oben.

»Na bitte, dann hätten wir das ja geklärt. Es waren die Kinderfilme«, sagte ich.

»Ja, die muss meine Frau mit den Kleinen gesehen haben, als ich gerade unterwegs war. Die zahle ich selbstverständlich.«

Ich legte ihm wieder die Rechnung vor und schob ihm das Kartenlesegerät hin.

»Nein, ich zahle bar, bitte«, sagte er.

Nur ja keine Spuren hinterlassen. So eine Kartenabrechnung konnte einen noch Monate später in Schwierigkeiten bringen.

Der Mann lernte schnell. Er gab mir einen Schein, und ich durfte den Rest sogar behalten.

»Soll ich die Rechnung vielleicht gleich in der Rundablage für Sie entsorgen?«, fragte ich und zeigte hinunter zum Mülleimer zu meinen Füßen. »Oder wollen Sie sie mitnehmen?«

»Auf gar keinen Fall!«

Ich musste lachen. Und er auch.

Ivan und Ivana

𝓔s muss ungefähr 1 Uhr früh gewesen sein, als das russische Ehepaar die Lobby betrat. Ich kannte die beiden. Sie waren seit vier Tagen unsere Gäste und bewohnten eine der luxuriösesten Suiten unseres Hauses. Er war optisch der Typ stinkreicher Oligarch mit Mafia-Vergangenheit. Ein ziemlich breiter Kasten von Mann mit mehr Muckis im linken Ohrläppchen, als ich am ganzen Körper besaß. Glatze, edler Anzug, aufgeknöpftes Hemd und – natürlich – eine fette Goldkette um den Hals. Wenn einer seiner Ärmel hochrutschte, konnte man einen Teil eines Tattoos erkennen. Ich hätte aber meine Tageslichtlampe darauf verwettet, dass mindestens achtzig Prozent seines Körpers auf diese Art verziert waren. Der Mann war ein solch klischeehafter Russe, dass, hätte man ihn in einem Film einen Russen spielen lassen, er unglaubwürdig überzeichnet gewirkt hätte. Ich hatte keine Ahnung, was er beruflich machte, und ich wollte es auch gar nicht wissen.

Seine Frau war nicht weniger Bilderbuchrussin, Typ Gangsterbraut. Ungefähr 15 Jahre jünger als er, mit bildhübschem Gesicht. Sie hatte blond gefärbtes, langes Haar und war unglaublich teuer gekleidet. Alleine ihre Schuhe mussten mehr gekostet haben, als ich im Monat verdiente. Höhenangst hatte sie offenbar keine, wie ich aus der Länge ihrer Absätze schloss. Für meinen Geschmack war sie viel zu stark geschminkt, und sie hatte mehr Schmuck umgehängt, als der Juwelier ums Eck in der Auslage hatte. Ob sie wohl häufig unter Genickstarre litt?

Die beiden kamen zu mir, um sich ihren Zimmerschlüssel abzuholen, und gingen dann, sichtlich gut gelaunt, in Richtung der

Aufzüge. Auf halbem Weg blieb sie, nennen wir sie Ivana, plötzlich stehen, als wäre ihr gerade etwas eingefallen. Sie griff sich an die Schulter und sagte dann erschrocken ein paar Worte zu ihrem Mann, nennen wir ihn Ivan. Es folgte eine lautstarke Unterhaltung auf Russisch, von der ich kein Wort verstand. Aber anhand der Gestik und Mimik konnte ich mir ziemlich genau ausmalen, worum es wohl ging. Sie deutete hinaus in Richtung Straße, er griff sich an die Stirn. Er hob fragend die Hände, sie legte die Handflächen auf die Wangen. Sie senkte mutlos den Blick, er legte ihr tröstend den Arm um die Schulter. Und dann sahen beide zu mir.

Oje, das konnte nur Arbeit bedeuten. Aufgrund des beobachteten Gesprächs tippte ich darauf, dass sie vergessen hatte, die eine Gucci-Handtasche in der Boutique in der Innenstadt, die von 3500 auf läppische 2900 Euro verbilligt gewesen war, zu kaufen. Und jetzt wollte sie unbedingt zurück zum Laden, und ich sollte dafür sorgen, dass der extra für sie noch einmal aufsperrte.

Ivan kam schnellen Schrittes auf mich zu und zog Ivana hinter sich her. Er baute sich vor mir auf und sagte: »Meine Frau hat ihre ganzen Einkäufe und ihre Handtasche mit ihrem Geld im Taxi vergessen.«

Na ja, knapp daneben. Ich musste wohl noch ein wenig an meinen Mimik- und Gestik-Deutungsskills arbeiten. Ivan sprach perfektes Englisch, allerdings mit einem unglaublich schweren russischen Akzent. Ich mochte es, wenn Russen Englisch redeten. Das fühlte sich an, als wäre man mitten in einem Agentenfilm oder im neuesten Teil von *John Wick*.

»Was kann man da machen?«, fügte er hinzu.

Es kam immer wieder einmal vor, dass Gäste ihre Sachen im Taxi vergaßen. Meistens konnte man sie über die Zentrale der Gesellschaft, mit der sie gefahren waren, wiederbeschaffen.

Also fragte ich Ivan: »Mit welchem Taxi sind Sie denn gefahren?«

»Mit einem Mercedes«, antwortete er.

»Taxis sind häufig Mercedes. Ich meine, mit welcher Firma sind Sie gefahren, von welchem Anbieter war das Taxi?«

»Das weiß ich nicht.«

»Welche Nummer haben Sie angerufen oder welche App haben Sie benutzt?«

»Gar keine. Das Auto hat der Besitzer des Restaurants gerufen, in dem wir gegessen haben.«

»Wie hieß denn das Restaurant?«

Er dachte kurz nach und fragte dann seine Frau etwas auf Russisch. Sie zuckte nur mit den Schultern.

»Wir wissen es nicht. Es war eines im Stadtzentrum«, sagte er.

»Dann wird es schwierig, den Fahrer ausfindig zu machen. Es gibt in dieser Stadt zig Taxifirmen und Hunderte Einzelunternehmer. Dazu noch Uber und Co. Ich wüsste gar nicht, wo ich anfangen sollte zu fragen.«

»Aber es muss eine Möglichkeit geben. Die Einkäufe waren teuer, und meine Frau hatte viel Bargeld in der Tasche plus Kreditkarten und Schmuck.«

Was, noch mehr Schmuck?

»Ich fürchte, in dem Fall bleibt Ihnen nur eine Anzeige bei der Polizei«, sagte ich.

»Was würde die machen?«

»Na ja, um ehrlich zu sein, nicht viel, fürchte ich. Ich denke nicht, dass im Taxi vergessene Einkäufe eine besonders hohe Priorität bei der Verbrechensbekämpfung genießen. Mit dem Einsatz einer Spezialeinheit würde ich jedenfalls nicht rechnen.«

»Holen Sie einen Polizisten. Ich gebe ihm 10 000 Euro. Das wird ihn motivieren.«

»Sie können nicht, also, die Polizei darf nicht, ich meine, so funktioniert das hierzulande nicht. Sie können die Polizei nicht bezahlen«, stotterte ich.

»Nicht? Bei uns in Russland macht die Polizei überhaupt erst etwas, wenn man sie bezahlt.«

»Ja, das mag sein, aber hier ist das anders. Wenn Sie der Polizei Geld geben, dann ist das Bestechung.«

»Und?«

»Bestechung ist illegal.«

»Ja schon, aber nur wenn jemand dahinterkommt.«

»Die ist auch illegal, wenn niemand dahinterkommt. Bevor Sie einem Polizisten Geld zustecken, zeigen Sie sich lieber selbst wegen versuchter Bestechung an, das kürzt die Sache ab.«

»Eure Polizei ist genauso nutzlos wie unsere.«

Ivan war sichtlich genervt. Er wandte sich Ivana zu und erklärte ihr anscheinend auf Russisch den Sachverhalt. Offenbar sprach sie kein Englisch.

Es machte nicht den Anschein, als würde sie sich damit abfinden wollen, dass ihre Habseligkeiten für immer verloren waren. Sie gestikulierte wütend und schickte ihren Mann noch einmal ins Rennen. Er drehte sich wieder zu mir.

»Gut, dann besorgen Sie mir jemand anderen, der das regelt.«

»Wie meinen Sie das?«

»Na, einen Mann, der das regelt. Oder von mir aus auch mehrere. Ich zahle 10 000 Euro.«

»Sie meinen einen Privatdetektiv?«

»Ist mir egal. Engagieren Sie jemanden, der das Zeug meiner Frau wiederbeschafft und den Taxifahrer bestraft.«

Er sagte das, als wäre es das Selbstverständlichste auf der Welt.

»Bestraft? Wollen Sie ihn umbringen lassen?«

»Nein, nicht umbringen. Er soll ihm nur die Hände brechen. Oder die Beine. Das kann er sich aussuchen.«

»Was kann denn der Taxifahrer dafür, dass Ihre Frau ihre Sachen vergisst? Abgesehen davon kenne ich keinen Killer oder Schläger, oder wen auch immer Sie sich vorgestellt haben. Unser Hotel bietet solche Dienste nicht an.«

Ivan sah mich ungläubig an. »Sie kennen keinen Schläger?«

»Nein, natürlich nicht!«

Ich nahm an, dass er René, den Jungen, der mich in der Schule einmal verprügelt hatte, nicht gelten lassen würde.

»Ach bitte, das glaube ich nicht. Was macht ihr in diesem Land, wenn jemand euer Auto stiehlt?«

»Wir rufen die Polizei.«

»Und wenn jemand eure Frau ansieht?«

»Äh, nichts. Ansehen ist nicht verboten.«

»In Russland ist das ein üblicher Service in einem Etablissement Ihrer Preisklasse. Was ist das hier nur für ein Hotel?«

»Ein friedliches! Und wir sind eben nicht in Russland.«

Ivan war ehrlich enttäuscht. Nicht ungehalten, aber enttäuscht. Da buchte er in einem der besten Häuser der Stadt, und dann bot das nicht einmal die üblichen Standarddienstleistungen an. Frühstück, Zimmerservice, Beinebrechen, das durfte man doch wohl erwarten.

»Also kein Schläger?«

»Kein Schläger.«

»Okay, dann machen Sie es. Ich gebe Ihnen 5000 Euro, weil Sie noch Anfänger sind.«

»Ich?«

»Ja, wieso nicht? Das ist sicher mehr, als Sie im Monat verdienen.«

Allerdings, Ivan. Allerdings.

»Und in Russland würde ich für 5000 Euro gleich zwei Typen bekommen, die das regeln. Nur Ex-KGB oder Militär kosten 10 000. Also ist das sehr großzügig.«

»Ja, das ist wirklich sehr großzügig. Aber ich werde nicht einfach losziehen und jedem Taxifahrer die Hand brechen, bis einer zugibt, Sie gefahren zu haben.«

»Sie sollen ihm nicht die Hand brechen. Das ist für einen, der das noch nie gemacht hat, zu schwierig. Schlagen Sie auf den Körper und brechen Sie ihm ein paar Rippen. Am besten, Sie schlagen hierhin ...« Er deutete an eine bestimmte Stelle auf seinem Brustkorb. »... zwischen vierter und neunter, die brechen am leichtesten. Oder in die Nieren, hier hinten, das geht auch.«

Ich sah Ivan an und überlegte, ob er das wirklich ernst meinte. Er konnte doch nicht annehmen, dass der Nachtportier eines Hotels losziehen und Taxifahrer zusammenschlagen würde, um die verlorenen Einkäufe seiner Frau wiederzubeschaffen. Und wozu brauchte er mich überhaupt? So wie er aussah, könnte er das wohl problemlos selbst erledigen. Und wenn Geld ohnehin keine Rolle spielte, wieso rief er dann nicht einfach einen seiner Ex-KGB-Kontakte an und ließ ihn einfliegen? Aber da war kein Lächeln in seinem Gesicht oder ein Funkeln in seinen Augen, das auf einen Scherz hindeutete.

»Ihr Angebot ehrt mich natürlich, aber ich muss ablehnen«, erwiderte ich.

Jetzt wurde er böse – und sah mich auch so an. »Scheißhotel. Ich möchte mit dem Manager sprechen.«

»Um diese Uhrzeit ist keiner meiner Vorgesetzten im Haus. Sie können sich aber gerne gleich morgen früh beschweren. Ich kann Ihnen jedoch versprechen, dass die Ihnen dasselbe sagen werden wie ich. Wir bieten solche Dinge nicht an.«

»Kein Schläger, kein Manager«, murmelte er vor sich hin. »Alles muss man selbst machen.«

Er sagte etwas zu seiner Frau, drückte ihr den Zimmerschlüssel in die Hand und deutete zu den Aufzügen. Dann knöpfte er sich sein Sakko und den Mantel zu und ging in Richtung Haupteingang. Im Vorübergehen sagte er noch zu mir: »Nur damit Sie's wissen, ich werde Ihr Hotel keinem meiner Freunde empfehlen.«

Damit konnte ich leben. Ich war nicht unbedingt scharf auf mehr Gespräche dieser Art.

Als Ivan schon fast bei der Tür war, fuhr ein Taxi vor. Ein Mercedes. Und den Rest können Sie sich wahrscheinlich denken. Der Fahrer stieg aus, öffnete die hintere Tür und nahm eine Handtasche und mehrere Tüten mit Aufdrucken diverser Luxusmarken vom Rücksitz. Als er das Hotel betrat, erwartete Ivan ihn bereits. Er lächelte den Mann an und nahm ihm mit einer Hand Handtasche und Einkäufe ab, während er ihm mit der anderen freundschaftlich auf die Schulter klopfte. »Danke, mein Freund. Danke.« Er schob ihn weiter hinein in die Lobby, bis sie in meiner Nähe stehen blieben.

»Ivana, Ivana!«, rief er zu den Aufzügen hinüber, vor denen immer noch seine Frau stand und wartete. Als sie sah, was er am Arm trug, kam sie sofort herübergelaufen.

Der Taxifahrer sagte so etwas wie »Keine Ursache, gern geschehen« und wollte sich wieder auf den Weg zu seinem Auto machen. Die Situation schien ihm unangenehm zu sein.

Doch Ivan hielt ihn an der Schulter fest. »Nicht so schnell, mein Freund, nicht so schnell.«

Er sagte etwas auf Russisch zu Ivana, woraufhin sie in ihrer Handtasche zu kramen begann und ihre Geldbörse hervorzog, um Scheine und Kreditkarten zu zählen. Sie warf auch einen Blick in jede Tüte. Und dann nickte sie ihrem Mann zu.

Ivan löste die Umklammerung an der Schulter des Taxifahrers und sagte: »Sehr gut, es gibt doch noch ehrliche Menschen auf der Welt.«

Dann drehte er sich mit dem Fahrer in meine Richtung, um sicherzustellen, dass ich sehen konnte, was er als Nächstes tat. Er zog eine Geldspange aus der Innentasche seines Sakkos und zupfte ein paar große Scheine heraus. Es müssen so 800 bis 1000 Euro gewesen sein, genau konnte ich es nicht erkennen. Dann schaute er mich an und sagte: »Das hätte für Sie sein können. Und noch viel mehr.«

Na und? Dann blieb ich eben ein armer Night Audit. Aber dafür ohne Vorstrafen und Albträume.

Seelenklempner Chris

Wow!, dachte ich mir, als die junge Frau an der Rezeption vorbei hinüber zu den Aufzügen ging. Welcher wunderschöne Stern erhellte denn da meinen Nachtdienst? Ich war mir sicher, ich könnte alle Lampen in der Lobby ausschalten, und es würde dennoch kein bisschen dunkler werden im Raum. Sie war garantiert nicht Gast bei uns, denn dann wäre sie mir mit Sicherheit schon früher aufgefallen, oder ein Kollege vom Tagdienst hätte mir von ihr erzählt. Also fiel sie in die Kategorie Besucherin. Um diese Uhrzeit tippte ich auf eine Mitarbeiterin eines Premium-Escortservices. Wer auch immer sie bestellt hatte, er konnte sich glücklich schätzen.

Die junge Frau betrat einen der Aufzüge. Und keine zehn Minuten später stieg sie aus genau demselben wieder aus. Es war dieselbe Frau, doch ihr Strahlen war verschwunden. Sie ließ die Schultern hängen, der aufrechte, stolze Gang war einem Schlurfen gewichen, sie schniefte und verwischte sich mit der Hand den Concealer unter den Augen.

Schließlich kam sie zu mir und fragte: »Hat die Bar noch geöffnet?«

»Ja, das hat sie«, antwortete ich. Ich sah auf die Uhr. »Noch genau 12 Minuten lang.«

»Danke«, entgegnete sie, ging hinüber zum Barkeeper und kam mit einem Glas mit jeder Menge klarer Flüssigkeit darin zurück zu mir an die Rezeption.

»Darf ich mich zu Ihnen stellen und meinen Wodka hier trinken? An der Bar ist es mir zu einsam.«

»Klar, kein Problem«, antwortete ich so locker wie möglich. Uiui, sie suchte offenbar das Gespräch mit mir. Ich war eigentlich nicht schüchtern, aber wenn eine Frau optisch zwei Klassen über mir spielte, dann machte mich das doch ein wenig nervös. Sie nahm einen Schluck aus ihrem Glas und blickte ins Leere. Schweigen. Dann sagte sie, den Blick immer noch irgendwohin ins Nichts gerichtet, mehr zum Raum als zu mir: »So ein Arschloch!«

Eigentlich ging es das Personal ja nichts an, was die Gäste auf den Zimmern trieben. Ganz im Gegenteil, wir sollten wegsehen. Diskretion über allem, Sie wissen schon. Aber ich hatte ja keine Ahnung, was da oben vorgefallen war. Hatte ihr der Gast vielleicht Gewalt angetan? Das wäre dann selbstverständlich kein Fall mehr für die Verschwiegenheitspflicht. Dann müsste ich sogar aktiv werden. Und nachdem sie selbst die Nähe und das Gespräch gesucht hatte, traute ich mich zu fragen: »Was ist denn passiert? Wenn ich fragen darf.«

»Dieses Arschloch hat mich weggeschickt«, sagte sie, halb wütend, halb traurig. Sie nahm noch einen Schluck. »Hat mir das Geld in die Hand gedrückt und mich einfach weggeschickt.«

Weggeschickt? Welcher Verrückte würde eine Frau wie diese wegschicken?, dachte ich bei mir.

»Weggeschickt? Welcher Verrückte würde eine Frau wie Sie wegschicken?«, sagte ich.

Sie sah mich mit ihren von verlaufener Schminke umrandeten Augen an und sagte: »Das ist nett von Ihnen.« Sie überlegte kurz, ob sie mir mehr erzählen sollte, und entschied sich dann dafür. »Er sagte, man hätte ihm ein Premium-Girl versprochen, und ich sei ja nun wohl alles andere als premium.«

Das war hart, das musste ich zugeben. Hätte man mir so etwas gesagt, hätte ich mir extra Schminke aufgetragen, um sie dann mit meinen Tränen verwischen zu können.

»Das ist mir noch nie passiert«, schluchzte sie. »Sehe ich etwa alt aus? Ich bin siebenundzwanzig, verdammt. Hängt mein Busen? Na, hängt mein Busen?«

Sie schob ihr Dekolleté näher zu mir. Um ehrlich zu sein, konnte ich das in eingepacktem Zustand gar nicht beurteilen, aber ich konnte sie ja schlecht auffordern, hier auszupacken. Also sagte ich: »Nein, ganz und gar nicht.«

»Ich treibe Sport, ich rauche nicht, ich trinke nur selten, und meine Haut ist makellos. Was will dieser Wichser eigentlich?«

Klar, das war eine Fishing-for-Compliments-Session der Sonderklasse. Aber hey, ich konnte entweder mitspielen oder sie abwimmeln und für den Rest der Nacht alleine auf mein Handy starren und warten, ob ein Gast anrief, der sein Klo verstopft hatte. Die Wahl war also nicht schwer. Abgesehen davon konnte sie ein paar aufbauende Worte für ihr angekratztes Ego momentan gut gebrauchen.

»Ich weiß es auch nicht«, sagte ich. »Keine Ahnung, was der für Probleme hat. Sie sind bei Weitem die schönste Frau, die in dieser Woche das Hotel betreten hat.« Nein, Woche war nicht dick genug aufgetragen. Also korrigierte ich mich: »In diesem Monat!«

Sie nahm noch einen Schluck von ihrem dreifachen Wodka und sah mir tief in die Augen. Dann verfiel sie in Schweigen. Und das war mir nicht einmal unangenehm. Ich war noch niemals in einer solchen Situation gewesen, aber ich war mir sicher, dass ich zu jeder anderen Frau auf der Welt nach spätestens fünf Sekunden etwas gesagt hätte. Irgendetwas, einfach um die unangenehme Stille zu brechen. Aber nicht zu ihr. Wir lehnten einfach nur am Tresen und sahen uns an.

Schließlich beugte sie sich zu mir vor und flüsterte verführerisch: »Die Nacht wurde bereits bezahlt. Haben Sie nach Dienstende schon etwas vor?«

Okay, jetzt war es mir doch unangenehm. Hätte sie nicht einfach weiter schweigen und mich ansehen können? Wie sollte ich jetzt reagieren? Ich konnte sie nicht bloß weiter anschauen und nichts sagen, obwohl ich genau das gerne getan hätte. Ich hasste es, unter Zugzwang zu stehen. Und während ich noch überlegte, mit welcher Reaktion ich wohl am souveränsten rüberkommen würde, dachte sich die Natur offenbar: »Och, das dauert mir jetzt aber zu lange. Ich übernehme hier mal kurz.« Und dann schluckte ich. Ungewollt und so richtig offensichtlich und laut. Wie in einem Zeichentrickfilm, wenn der Kater sieht, dass die Maus seine Hose mit Dynamit vollgestopft hat und die Zündschnur nur mehr wenige Millimeter lang ist. Dann sieht man seinen Kehlkopf übertrieben groß seinen Hals hinunterwandern. Und das Geräusch, das man dann hört, genau dieses, hatte ich soeben zustande gebracht. Ich sollte mich vielleicht als Geräuschemacher bei einem Synchronisationsstudio bewerben. Wahrscheinlich hatte man mein Schlucken in der gesamten Lobby gehört. Und ihr war es ganz sicher auch nicht entgangen. Die letzte Hoffnung darauf, dass mein peinlicher Schlucker unbemerkt geblieben sein könnte, verflog, als ich sah, wie sie sanft und bezaubernd zu lächeln begann. Das erste Mal, seitdem sie hier war.

»Ja, ich habe bereits etwas vor«, sagte ich schließlich mit so fester Stimme wie möglich. »Ich gehe nach Hause zu meiner Freundin.«

Sie war gerade von einem Kunden aus dem Zimmer geworfen worden, weil sie ihm nicht zugesagt hatte, und jetzt bekam sie gleich wieder eine Abfuhr. Das war vermutlich hart, und vielleicht würde die Schminke rund um ihre wunderschönen Augen nun gleich noch mehr verrinnen. Aber was hätte ich tun sollen? Meine Prinzipien und die Beziehung zu meiner Freundin verraten, nur um ihr Ego aufzupolieren? Wohl kaum.

»Wie Sie wollen«, sagte sie schulterzuckend.

Okay, am Boden zerstört sein sah anders aus. Meine Abfuhr schien ihr nicht sonderlich zugesetzt zu haben. Gut. Obwohl ich gestehen muss, dass ich dann doch ein wenig enttäuscht war. Sie hätte ja zumindest noch einen zweiten Anlauf unternehmen können. Jetzt war es mein Ego, das ein ganz klein wenig angekratzt war. Sie kippte den letzten Rest Wodka hinunter, stieß sich schwungvoll von meinem Tresen ab und ging in Richtung Ausgang. Ihre Schultern hingen nicht mehr, und ihr Gang war wieder aufrecht und stolz. »Danke für das Gespräch«, rief sie auf halbem Weg und warf mir ein Küsschen zu. Und dann war sie weg.

Was so ein Wodka und ein gutes Gespräch alles bewirken konnten. In erster Linie aber das Gespräch, da war ich mir sicher. Ich fühlte mich gut. Aber dennoch: Hätte sie nicht doch ein zweites Mal fragen können?

Der große Garderobencoup

Wir hatten wieder einmal eine Abendveranstaltung im Haus. Es war eine Firmenfeier eines großen internationalen Unternehmens mit Sitz in unserer Stadt. Ungefähr 300 Gäste wurden von uns bewirtet und betreut. Für die Garderobe, die sich schräg gegenüber der Rezeption befand, hatten wir externes Personal eingecheckt. Dafür griffen wir gerne auf Studierende zurück. Und diese nahmen solche Jobs gerne an. Man hatte zu Veranstaltungsbeginn einiges zu tun und dann nach Veranstaltungsende, wenn alle gleichzeitig ihre Jacken und Mäntel haben wollten und sich ungeduldig vor der Garderobe drängten, ziemlichen Stress. Aber dazwischen war es der entspannteste Job, den man sich vorstellen konnte. Die meisten nahmen sich Skripte von der Uni mit und nutzten die Zeit zum Lernen. Sie wurden anständig von uns bezahlt, und nicht selten gaben die Gäste zusätzlich noch Trinkgeld. Entsprechend beliebt war der Job, und wir hatten ziemlich viel Stammpersonal.

Ich kannte daher die meisten der Aushilfen, doch die junge Dame, die heute an der Garderobe arbeitete, musste neu sein. Egal, so schwierig war die Aufgabe ja nicht. Kleidungsstück aufhängen, Garderobenmarke mit der zum Kleidungsstück passenden Nummer ausgeben, Marke wieder entgegennehmen, Kleidungsstück mit der zur Marke passenden Nummer aushändigen. Und dann lieb schauen und auf Trinkgeld hoffen. Das bekamen selbst die Dauerkiffer unter den Studierenden auf die Reihe. Aber alleine für 300 Personen? Das war schon sehr knausrig kalkuliert. Normalerweise standen bei dieser Gästezahl zwei bis drei Leute an der Garderobe. Vielleicht grassierte an der Uni ja gerade eine Grippe- oder Prüfungswelle und mehr als diese eine Studentin war nicht aufzutreiben gewesen. Nun, der Verantwortliche für die Veranstaltung würde schon seine Gründe gehabt haben. Da würden die Gäste wohl einfach etwas länger warten müssen.

Es war ungefähr 00:30 Uhr, als die Veranstaltung endete. Die Türen zum großen Bankettsaal öffneten sich, und Scharen von Menschen strömten zielstrebig auf die Garderobe zu. Dafür, dass sie neu und alleine für 300 Jacken und Mäntel zuständig war, machte das Garderobenmädel seine Aufgabe gut. Der Stress stand ihr dennoch ins Gesicht geschrieben. Kein Wunder. Von allen Seiten drängten die Leute auf sie zu und streckten ihr die Hände mit den Abholmarken darin entgegen. Jeder hatte es eilig, und nicht wenige hatten einen guten Grund auf den Lippen, warum sie es noch viel eiliger hatten als alle anderen. Man sollte sie bevorzugt behandeln, denn »Der letzte Zug fährt in zwanzig Minuten«, »Mein Mann ist alleine zu Hause mit der Babysitterin« oder »Ich muss so dringend aufs Klo, bitte lassen Sie mich vor, sonst passiert ein Unglück«.

Es dauerte über eine halbe Stunde, bis alle ihre Kleidung erhalten hatten, und der Unmut der Gäste über die schlechte Organisation und die lange Wartezeit war unüberhörbar. Was ich durchaus verstehen konnte. Normalerweise sollten alle Gäste innerhalb von zehn Minuten abgefertigt und auf dem Weg nach Hause sein. Doch schließlich war es geschafft. Alle hatten das Hotel verlassen. Bis auf zwei Männer, die noch immer mit Marken in der Hand vor der Garderobe standen. Ich hatte die beiden nicht hereinkommen sehen, was aber bei der großen Anzahl an Gästen nicht verwunderlich war. Sie sahen auch überhaupt nicht so aus, als wären sie bei der Veranstaltung dabei gewesen. Die beiden Männer passten einfach nicht zu den anderen Gästen. Schon alleine wegen der Kleidung. Alle, wirklich ausnahmslos alle Männer, die an der Feier teilgenommen hatten, waren in Anzug und Krawatte erschienen. Die beiden trugen Jeans, billige Hemden und ältere No-Name-Sneakers. Aber sie mussten wohl dabei gewesen sein, wieso hätten sie sonst ihre Mäntel an unserer Garderobe abgeben und dafür auch noch zahlen sollen? Nur waren da jetzt keine Mäntel mehr.

Ich sah, wie die beiden begannen, auf die junge Frau an der Garderobe einzureden und sie unter Druck zu setzen. Sie wirkten überhaupt nicht ratlos oder enttäuscht wegen ihres Verlustes, sondern ziemlich zielstrebig. Die junge Frau deutete immer wieder auf die leeren Ständer und Haken und sagte wohl so etwas wie: »Sie sehen doch, dass nichts mehr da ist.« Und die Männer hielten ihr immer wieder die Marken unter die Nase und sagten wohl sinngemäß: »Aber ich habe hier noch meinen Bon, sehen Sie doch. Ich will jetzt meinen Mantel, und zwar sofort.«

Das Spielchen ging eine Weile so hin und her, und die beiden Männer wurden immer forscher in ihrem Auftreten. Und dann begann die junge Frau zu weinen. Das war der Zeitpunkt, an dem ich mich in das Geschehen einschaltete.

Ich ging hinüber zur Garderobe und sagte: »Guten Tag, Chris Hartmann, ich bin der Nachtportier in diesem Hotel. Wo liegt denn das Problem?«

Einer der Männer ignorierte mich ganz, und der andere schnauzte mich an: »Mischen Sie sich nicht ein, das geht Sie nichts an.«

Wie bitte? Ich schlug einen etwas forscheren Ton an, blieb aber höflich.

»Entschuldigen Sie bitte, das geht mich sehr wohl etwas an. Die junge Dame, die Sie gerade zum Weinen gebracht haben, ist nicht in unserem Hotel angestellt und daher gar nicht befugt, mit Ihnen über abhandengekommene Kleidung zu sprechen – und darum geht es ja wohl. In der Nacht bin ich hier für alles zuständig, auch für die Garderobe. Wenn Sie also ein Problem haben, dann besprechen Sie das bitte ausschließlich mit mir.«

Jetzt ließen sie endlich von der weinenden Garderobenfrau ab und wandten sich mir zu.

»Diese Frau hat unsere Mäntel verloren. Die waren teuer, und ich verlange Ersatz von Ihrer Versicherung«, sagte einer der beiden fordernd.

Na, die kamen ja schnell zur Sache. Woher wussten sie, dass wir gegen solche Fälle versichert waren? Das war, meines Wissens nach, nur den wenigsten bekannt. Mir kam die Sache spanisch vor.

»Darf ich bitte einmal Ihre Garderobenmarken sehen?«, sagte ich.

Als hätten sie nur auf diese Frage gewartet, schossen zwei Hände nach vorne und hielten mir jeweils eine grüne Marke aus Papier hin. Ich nahm die Marken an mich und wandte mich damit der Garderobenfrau zu, die immer noch schluchzte.

»Wie heißt du?«, fragte ich. Sie war vielleicht zwanzig, da traute ich mich, ohne zu fragen, das Du zu verwenden. Abgesehen davon war ihr die Anrede in der momentanen Situation wohl komplett egal.

»Julia«, antwortete sie.

»Hallo, Julia, ich bin Chris. Sind diese beiden Marken welche, die du heute ausgegeben hast?«

Ohne die Bons anzusehen, sagte sie: »Ja, die sind ganz sicher vom Block von heute. Es ist dieselbe Farbe, und die Nummern habe ich auch ausgegeben. Ich hab das schon vorhin mehrfach überprüft.«

»Wo sind dann die Mäntel hin?«

»Ich weiß es nicht. Sie sind einfach weg.«

Ich sah mir die Garderobe an. Sie war an allen Seiten mit

einem Pult umschlossen. Und der Abstand zwischen dem Pult und den langen Reihen mit Kleiderhaken war so groß, dass man unmöglich darübergreifen und sich eines der Kleidungsstücke nehmen konnte. Untendurch führte auch kein Weg. Ich öffnete die Absperrung und kam zu Julia in den Garderobenbereich.

»Unter dem Pult hast du wohl schon gesucht, nehm ich an«, mutmaßte ich, während ich auf die Knie ging und auf allen vieren zu suchen begann.

»Ja, mehrmals. Die Mäntel sind nicht da.«

Ich stand wieder auf. Auch ich hatte nichts gefunden.

»Hast du irgendwem etwas gegeben, ohne dafür eine Marke zu verlangen?«, fragte ich. »Hat dir jemand seine Nummer vielleicht einfach nur zugerufen. Oder hat irgendwer auf ein Kleidungsstück gezeigt und gesagt, das da wäre seines? Gleich neben dem, das du gerade holst, und du sollst es ihm doch gleich mitbringen? Irgendetwas in die Richtung?«

»Ja, die ganze Zeit sogar. Es war so viel Gedränge, und die Leute waren sehr ungeduldig, weil es so lange gedauert hat. Aber ich habe immer geantwortet, wie man es mir gesagt hat: Nur mit Marke.«

»Okay, gut. Danke«, sagte ich.

Ich verließ den Garderobenbereich und wandte mich wieder den Männern zu.

»Wie es aussieht, sind Ihre Kleidungsstücke nicht auffindbar. Bitte haben Sie noch einen Moment Geduld, ich muss einmal telefonieren, um die weitere Vorgehensweise abzuklären.«

»Die Mäntel waren sehr teuer. Wir wollen Ersatz von Ihrer Versicherung!«, kam es sofort, wie aus der Pistole geschossen.

»Ich weiß, das sagten Sie bereits. Bitte haben Sie noch etwas Geduld. Ich komme gleich wieder zu Ihnen. Bitte nehmen Sie doch so lange Platz im Wartebereich der Lobby.«

Die beiden Männer taten, worum ich sie gebeten hatte. Gut, von ihrem Sofa in der Lobby aus konnten sie wenigstens Julia nicht weiter auf die Pelle rücken, und sie konnte sich etwas beruhigen. Ich ging zurück zu meinem Arbeitsplatz, wo mich die Männer nicht hören konnten, und rief Susanne, meine Chefin, an. Es war zwar bereits weit nach 1 Uhr in der Früh, aber es blieb mir nichts anderes übrig, als sie aus dem Bett zu läuten. Ich hatte so einen Fall noch nie gehabt und wusste nicht, wie ich weiter vorgehen sollte. Glücklicherweise hatte Susanne noch nicht geschlafen. Ich schilderte ihr, was geschehen war, und bat sie um Anweisungen.

»Bitte nicht schon wieder der Garderobentrick«, seufzte sie ins Telefon.

»Garderobentrick? Kommt das öfter vor?«, fragte ich.

»Nicht wirklich oft, aber doch immer wieder einmal. Habe ich auch schon von Kollegen in anderen Hotels gehört. Es gibt offenbar Betrüger, die sich darauf spezialisiert haben. Sobald eine größere Veranstaltung stattfindet, bei der so viele Menschen anwesend sind, dass sie nicht auffallen, mischen sie sich unter die Gäste und geben ihre Jacken oder Mäntel ab. Wenn die Veranstaltung dann aus ist und sie ihre Jacken abholen gehen, beginnt ihr eigentlicher Job. Einer versucht, das Garderobenpersonal so abzulenken, dass es für einen kurzen Moment darauf vergisst, die Marke des anderen einzusammeln. Entweder beginnt er laut zu schreien, oder er packt die Garderobiere plötzlich an der Hand und zieht sie weg. Irgendetwas in der Art. Hauptsache, er bekommt das Personal dazu, kurz in eine andere Richtung zu sehen. Der Komplize macht sich in der Zwischenzeit natürlich schnell aus dem Staub. Bis die Person, die ihm die Jacke gegeben hat, sich wieder auf ihn konzentrieren und um die Marke bitten kann, ist er weg. Wenn es schiefgeht und das Ablenkungsmanöver nicht klappt oder wenn sie an jemanden geraten, der strikt nach Vorschrift arbeitet und immer zuerst die Marke einsammelt, haben sie nur das Kleingeld für die Garderobe verloren. Wenn es aber klappt, dann haben sie das Kleidungsstück und zusätzlich noch die Marke in der Hand. Die Kleidung wird irgendwo auswärts deponiert, und ganz am Ende, wenn alles ausgegeben wurde, kommen sie mit der Marke zurück und verlangen noch mal ihre Kleidungsstücke. Natürlich behaupten sie dann immer, sehr teure Kleidung abgegeben zu haben. Und niemand kann ihnen beweisen, dass es nicht so war. Ich nehme an, dass bei euch auch so etwas in der Art passiert ist.«

»Ja, klingt danach. Die Männer haben schon zweimal betont, wie teuer die Klamotten waren.«

»Tja, dann herzlichen Glückwunsch. Dein erster Garderobencoup.«

»Verdammt, wird denn überall nur mehr beschissen?«

»Überall, wo es um Geld geht, ja. Und überall anders eigentlich auch.«

»Die Welt ist schlecht.«

»Ja.«

»Und was soll ich jetzt tun?«

»Nimm ihre Daten auf, frag sie, was es genau für Kleidung war und was sie gekostet hat. Wir melden das dann morgen an die Versicherung.«

»Aber das sind Betrüger!«

»Kannst du es beweisen?«

»Nein, aber wir können sie doch nicht ...«

»Lass es, Chris, es ist die Mühe nicht wert. Schluck es einfach runter.«

Daraufhin verabschiedete sie sich und legte auf.

Es gefiel mir gar nicht, dass dieser Betrug offenbar von Erfolg gekrönt sein sollte. Klar konnte ich nicht beweisen, dass es überhaupt einer war. Aber es sprach einfach alles dafür. Und deshalb wollte ich die Männer nicht so einfach davonkommen lassen. Also entschied ich mich, zumindest einen Versuch zu starten, sie doch noch leer ausgehen zu lassen. Ich ging wieder zu den beiden Männern und verwies auf das Schild mit der Aufschrift »Für Garderobe wird keine Haftung übernommen«. Ich sagte ihnen, ohne mit der Wimper zu zucken, dass es mir zwar sehr leidtäte, dass ihre Kleidung abhandengekommen war, ich jedoch leider nichts für sie tun könne, da wir jede Haftung ablehnten.

Lassen Sie mich an dieser Stelle kurz etwas zu diesen Für-Garderobe-keine-Haftung-Schildern sagen, bei denen Sie sich vermutlich auch schon öfter gefragt haben, ob man denn wirklich so einfach seine Haftung ausschließen kann. Nein, kann man nicht. Auch wir hatten gleich mehrere dieser Schilder im Garderobenbereich angebracht. Die waren allerdings eigentlich nur Show und besonders in diesem Fall völlig bedeutungslos. Denn die Sache ist die: Sie können auf Ihre Garderobenschilder schreiben, was Sie wollen. »Peter liebt Susi«, »Elvis lebt!«, »Meine Hämorrhoiden jucken« oder eben »Keine Haftung«. Das hat keinen Einfluss darauf, ob Sie für die Garderobe haften oder nicht. Vielmehr hängt es von den Umständen ab. Wenn eine Garderobe in Sichtweite der Gäste ist und diese ihre Kleidungsstücke vielleicht auch noch selbst dort aufhängen, dann haften Sie als Betreiber tatsächlich nicht. Auch ohne Schild, das darauf hinweist. Wenn die Garderobe jedoch zentral ist, der Gast seine Kleidungsstücke nicht selbst beaufsichtigen kann und auch noch Geld für das Abgeben der Jacken und Mäntel verlangt wird, dann haften Sie als Betreiber uneingeschränkt. Wieder ganz gleich, ob mit oder ohne Schild. Ich wusste, dass wir in diesem Fall hafteten. Aber wussten es auch die beiden mutmaßlichen Betrüger?

Natürlich wussten sie es. Sie hatten sogar den passenden Paragrafen parat. Was für mich der endgültige Beweis war, dass ich es hier mit einem Betrugsfall zu tun hatte. Ich meine, wer hat den

Paragrafen im Kopf, der die Haftungsfrage bei öffentlichen Garderoben regelt? Höchstens Juristen und Gauner. Und nach Juristen sahen sie nun wirklich nicht aus.

»Einen Moment bitte«, sagte ich, nachdem mich die beiden darüber belehrt hatten, dass wir selbstverständlich für ihre verlorenen Sachen hafteten. Ich ging wieder zurück zur Rezeption und tat dort so, als würde ich noch einmal telefonisch mit jemandem Rücksprache halten. In Wahrheit sagte ich nur einige Male leise »Arschlöcher« in mein abgeschaltetes Handy. Dann nahm ich einen Notizblock und einen Kugelschreiber und ging wieder zurück in den Wartebereich der Lobby.

»Ich habe gute Nachrichten für Sie«, teilte ich den beiden Männern mit.

Meinem Tonfall und meiner Körpersprache nach zu urteilen, hätte ich aber genauso gut sagen können: *Ich habe schlechte Nachrichten für Sie. Ihr Hund wurde vom Auto überfahren. Wir kratzen immer noch seine Überreste aus dem Profil der Reifen.*

»Die Versicherung wird den Schaden übernehmen.«

Die Gesichter der beiden hellten sich auf.

»Ich bräuchte dann bitte noch möglichst genaue Angaben zu den verlorenen Mänteln. Wissen Sie noch, um welche Marken es sich gehandelt hat?«

Und wie sie das wussten.

»Ich hatte einen Boss Zweireiher Relaxed-Fit Mantel aus Schurwolle, Größe 50. Und mein Freund hier hatte einen Kaschmirmantel von Armani, Slim-Fit, Größe 54. Beide sehr edel und kaum getragen, also neuwertig.«

Wie lange er wohl gebraucht hatte, um das auswendig zu lernen? Ich hatte nicht den geringsten Zweifel daran, dass es keinen der beiden Mäntel jemals gegeben hatte.

»Und hatten Sie vielleicht noch einen kleinen Picasso in einer der Taschen?«

Ich hatte kein Problem damit, offen zur Schau zu stellen, dass ich ihnen nicht glaubte.

»Was?«, fragte einer Männer und sah mich verwirrt an.

»Ich habe gefragt, ob Sie noch wissen, wie viel die Mäntel gekostet haben.«

Natürlich wussten sie das.

»Der Boss-Mantel hat 799 Euro gekostet und der von Armani 1550 Euro.«

»Wow, edler Zwirn. Sie müssen gut verdienen bei Ihrer Firma. In welcher Position sind Sie tätig, wenn ich fragen darf?«

»Was hat das mit unseren Mänteln zu tun?«

Er stieg nicht darauf ein. Auch egal, hätte ohnehin nichts gebracht. Ich wollte ihn einfach nur ein wenig hinhalten und ihm auf die Nerven gehen. Es fühlte sich gut an. Gerecht.

»Nichts, gar nichts. Es hat mich nur interessiert. Dass Sie die Beträge noch so genau wissen, beeindruckt mich jedenfalls.«

»Wir haben die Mäntel gerade erst gekauft, darum wissen wir es noch.«

»Ah, deswegen also. Das ist gut. Dann haben Sie ja sicher noch die Rechnungen für den Fall, dass es eine Reklamation oder so gibt. Sie haben doch wahrscheinlich zwei oder mehr Jahre Garantie auf die Teile.«

»Nein, die Rechnungen haben wir leider nicht mehr.«

Natürlich nicht. Boss und Armani stellten ja auch keine Rechnungen für Produkte aus, die man gerne hätte, sich aber nicht leisten konnte.

Ich notierte mir die Angaben auf einem Blatt Papier. Während ich schrieb, fragte ich beiläufig: »Und, gehen Sie eigentlich öfter gemeinsam Mäntel shoppen, Sie und Ihr ... Bewährungshelfer?«

»Was?«, fragte der Mann wieder. Er warf sein Gesicht in Falten, als würde er darüber nachdenken, ob ich ihn gerade verarsche. Ja, mein betrügerischer Freund, das tu ich. Und es macht mir Spaß! Und du kannst froh sein, dass du mit ein paar Sticheleien davonkommst.

»Gut, ich habe alles zu Protokoll genommen. Wenn Sie sich die Angaben bitte noch einmal durchlesen, Ihre persönlichen Daten ergänzen und dann hier unten unterschreiben würden«, sagte ich.

Die Männer fanden keinen Fehler und unterschrieben, so wie auch ich. Ich machte zwei Kopien des Protokolls und gab jedem von ihnen eine mit.

»Der Fall wird gleich morgen früh an Polizei und Versicherung gemeldet. Sie sollten in den nächsten Wochen Post bekommen.«

Ich hatte gehofft, dass die Erwähnung der Polizei sie wenigstens kurz zusammenzucken lassen würde. Aber die beiden blieben cool wie Giorgio Armani beim Skilaufen. Wer weiß, wie oft sie diesen Betrug schon durchgezogen hatten. Bei den Versicherungen waren sie wahrscheinlich schon als die Pechvögel des Jahrhunderts bekannt. 83 verlorene Mäntel in nur zwei Jahren.

»Okay, dann wäre ja alles erledigt. Ich wünsche Ihnen noch einen schönen Abend«, sagte ich und deutete in Richtung der Tür. Eine Entschuldigung für die Unannehmlichkeiten, wie sie unter normalen Umständen angebracht gewesen wäre, brachte ich nicht über die Lippen, auch keine Verabschiedung. Ich wollte es ja mit der Heuchelei nicht übertreiben.

»Auf Wiedersehen«, sagte einer der beiden. Dann gingen sie in Richtung Haupteingang.

»Ich hoffe nicht«, erwiderte ich.

Als ich zur Rezeption zurückging, sah ich, dass Julia immer noch an der Garderobe stand. Oh Shit, ich hatte sie komplett vergessen. Schnell ging ich zu ihr.

»Hey, Julia. Du bist ja noch da«, sagte ich.

»Ja, ich wollte warten, ob du noch etwas von mir brauchst«, antwortete sie.

»Das ist nett, vielen Dank. Aber es ist schon alles erledigt.«

»Hast du herausfinden können, wo die Jacken abgeblieben sind?«

Ich überlegte kurz, ob ich Julia sagen sollte, dass es am Ende höchstwahrscheinlich doch ihre Schuld gewesen war. Aber ich entschied mich dagegen. Es war ihr erstes Mal gewesen, und man hatte 300 Gäste auf sie alleine losgelassen, was in höchstem Maße unprofessionell gewesen war. Streng genommen war sie schuld, ja. Sie hätte sich nicht ablenken lassen und kein Kleidungsstück herausgeben dürfen, ohne zuvor die Marke einzusammeln. Aber einen mindestens ebenso großen Anteil daran, dass die Männer den Betrug durchziehen konnten, hatte jene Person, die sie alleine einen 3-Personen-Job hatte machen lassen. Also sagte ich: »Nein, keine Ahnung, wie es dazu kommen konnte. Shit happens! Mach dir keinen Kopf deswegen, kann passieren.« Damit schickte ich sie nach Hause.

Am nächsten Tag fragten wir bei der Firma nach, die am Vorabend bei uns gefeiert hatte. Natürlich arbeitete keiner der beiden Männer dort, und sie waren auch anderweitig niemandem namentlich bekannt. Ein weiteres Indiz, aber leider kein Beweis. Es war nicht gesetzlich verboten, sich bei einer fremden Firmenfeier einzuschmuggeln und dort ein wenig Kaviar und Champagner abzustauben. Bei der nächsten Veranstaltung würde ich die Garderobe jedenfalls genauer im Auge behalten. Ganz besonders die Boss- und Armani-Mäntel.

Die Nackten auf dem Flur

Wie ich bereits mehrfach erwähnt habe, kam ich mit Susanne, meiner Chefin, sehr gut aus, und wir verstanden uns prächtig. Entsprechend gerne schob ich auch Nachtdienste mit ihr. Es gab jedoch eine Sache, die mir über die Zeit hinweg unangenehm auffiel. Immer wenn sie während meiner Nachtdienste anwesend war, stieg die Wahrscheinlichkeit, dass etwas Unvorhergesehenes passierte, rasant an. Und diese Ereignisse waren nur selten der Kategorie »Gut« zuzuordnen. Manchmal konnte man sie mit viel Wohlwollen vielleicht noch als »überraschend« bezeichnen, wie zum Beispiel, als einer der großen und schweren Wandteppiche in der Lobby herunterfiel und einen der Gäste unter sich begrub. Der Mann wollte zu diesem Zeitpunkt gerade einen Schluck von seinem heißen Tee nehmen und verbrannte sich durch den Schlag von oben die Nasenspitze daran. Er wurde glücklicherweise nicht ernsthaft verletzt. Meistens jedoch war die Bezeichnung »Katastrophe« am angebrachtesten. Sie erinnern sich an die brennenden Fritteusen? Auch da war meine Chefin dabei gewesen. Sie schien eine Art Magnet für Unglücke zu sein. Wenn ich auch an solches Zeug eigentlich nicht glaubte, so las ich mir doch immer häufiger nochmals die Erste-Hilfe-Skripte und Brandschutzprotokolle durch, wenn ich erfuhr, dass ich mit Susanne gemeinsam Dienst hatte. Spätestens nach der Geschichte, von der ich Ihnen nun erzählen möchte, wurde das zu meinem Standardprozedere vor Dienstantritt. Ich aktivierte Katastrophenprotokoll »Susanne«.

Es muss ungefähr 00:30 Uhr gewesen sein, als der Feueralarm losging. Optischer und thermischer Sensor. Shit, also vermutlich kein Fehlalarm. Susanne kam aus ihrer Kammer hinter der Rezeption, in der sie ihren Papierkram erledigt hatte, und fragte: »Schlimm?«

»Vierter Stock, beide Sensoren. Fehlalarm unwahrscheinlich«, sagte ich.

»Shit«, platzte es aus ihr heraus.

»Rennst du oder soll ich?«

Meine Chefin legte nur den Kopf schief und grinste mit einem Mundwinkel. Einmal ganz abgesehen davon, dass es ohnehin mein Job war, nachzusehen, hätte Susanne beim Lauf über die Treppen wohl keine besonders gute Figur gemacht. Sie hielt es mit Sport ähnlich wie der Legende nach Churchill. Hätte man ihr eine Zigarre in den Mund gesteckt und einen Whisky in die Hand gedrückt, hätte sie einen recht passablen britischen Premierminister abgegeben.

»Also ich, okay«, ergab ich mich schließlich ebenfalls grinsend, obwohl mir überhaupt nicht nach Lachen zumute war. Ein Feueralarm erzeugte immer reichlich Stress. Aber Humor half, damit umzugehen.

»Halt mich auf dem Laufenden, damit ich der Feuerwehr schnellstmöglich Entwarnung geben kann«, bat sie mich.

»Mach ich, ich ruf dich an, sobald ich mehr weiß.«

Ich steckte das Diensthandy ein und rannte los. Die Aufzüge waren, wie immer im Falle eines Feueralarms, automatisch in die Lobby geholt und versperrt worden. Es blieb also nur die Feuertreppe. Oh Freude, vier Stockwerke mit vollem Magen. Ich hatte erst vor einer Viertelstunde meine Hauptmahlzeit für diese Nacht eingenommen. Na hoffentlich konnte ich alles drin behalten. Als ich keuchend die Tür zum Flur im vierten Stock aufstieß, schluckte ich erst mal das kleine Stück Tomate und die paar Körner

Couscous wieder hinunter, die sich bereits auf den Weg nach oben in meine Mundhöhle gemacht hatten.

Ich trat ein und stand vor einer der großen Brandschutztüren. Sie schlossen automatisch und trennten in jedem Stockwerk die einzelnen Flügel des Gebäudes voneinander ab, um ein Übergreifen der Flammen auf andere Bereiche des Hauses zu verhindern. Ich berührte kurz die kleine Tür, die in der großen eingelassen war. Sie war kühl. Also durfte ich davon ausgehen, dass dahinter nicht bereits ein Feuersturm tobte und nur darauf wartete, mich zu einem elenden Häufchen Night-Audit-Asche zu verbrennen. Ich ging also hindurch und rannte danach weiter in Richtung des Zimmers, aus dem der Alarm kam. Es war natürlich das letzte ganz hinten auf dem Flur.

Bereits auf halbem Weg konnte ich Rauch riechen. Und er stammte nicht von Zigaretten. Je näher ich dem Zimmer kam, desto stärker wurde der Qualm. Ich wusste nicht, was da brannte, der Geruch war mir nicht bekannt. Aber irgendetwas hatte definitiv Feuer gefangen. Als ich beim Zimmer ankam, war ich schweißgebadet und röchelte wie eine Britische Bulldogge mit einem Mops in den Atemwegen. Selbst wenn hinter der Tür das gesamte Zimmer in Vollbrand stehen sollte, hätte ich das Feuer problemlos mit meinem Essen löschen können, das sich mittlerweile bis ganz hinauf zu meinem Gaumenzäpfchen geschoben hatte und nur darauf wartete, beim nächsten schnellen Schritt hervorzuströmen. Ich berührte die Türschnalle, wie ich es in meiner Brandschutzschulung gelernt hatte. Kühl. Wenigstens etwas.

Ich rief Susanne an: »Ich stehe jetzt vor dem Zimmer. Die Schnalle ist kalt. Aber starke Rauchentwicklung. Keine Entwarnung für die Feuerwehr. Die sollen kommen. Ich gehe jetzt rein.«

»Okay, sei vorsichtig.«

Mit Klopfen hielt ich mich gar nicht erst auf. Wenn unmittelbare Gefahr drohte, durfte ich direkt zum Generalschlüssel greifen. Und das tat ich auch. Ich schloss auf, schob die Tür nach innen und ... sie stoppte nach wenigen Zentimetern. Die Sicherheitskette war eingehakt. Ach nein. Bitte nicht schon wieder! Ich hatte noch immer die Fragen meiner Vorgesetzten und der Versicherung im Ohr, ob es denn wirklich notwendig gewesen sei, John, den Wachmann, gleich die ganze Tür demolieren zu lassen. Sie erinnern sich vielleicht an meine betrunkenen Waffenhändler. Immerhin hatten wir mittlerweile Bolzenschneider angeschafft, die auch in die Türschlitze passten. Also hatte die Sache zumindest etwas Gutes gehabt.

Es ist in Hotels übrigens an der Tagesordnung, dass Gäste die Tür von innen verriegeln, so gut sie können. Besonders Vielreisende machen das meiner Erfahrung nach, denn sie wissen: Doppelbelegungen kommen immer wieder mal vor. Und verständlicherweise hat niemand Lust darauf, gestört zu werden, wenn man nackt aus dem Bad kommt oder gerade die Bratwurst ins Sauerkraut steckt.

Ich hämmerte gegen die Tür. Niemand öffnete. Ich hämmerte noch mal und trat mehrmals mit dem Fuß gegen das Holz. Wer das nicht hörte, musste entweder taub oder besoffen wie Waffenhändler nach einem Millionendeal sein. Jetzt hörte ich Geräusche von drinnen. Erst weibliche Stimmen, die in einer Sprache, die ich nicht verstand, aufgeregt durcheinanderredeten. Dann patschende Schritte von nackten Sohlen. Und schließlich sah mich ein junges chinesisches Gesicht durch den Türspalt an und fragte etwas auf Mandarin. Zumindest hielt ich es dafür. Ich verstand natürlich kein Wort.

»Feuer. Fire. Alarm!«, rief ich, wortgewandt wie ein Literaturnobelpreisträger.

Das Gesicht sah mich weiter an und antwortete wieder in der mir unbekannten Sprache. Offenbar verstand die Frau weder

Englisch noch Deutsch. Und ich sprach bedauerlicherweise kein Mandarin.

»Bitte öffnen Sie die Tür. Please open the door.« Ich deutete auf die Kette und machte mit dem Finger eine Seitwärtsbewegung. Das schien sie zu verstehen. Aber offenbar traute sie mir nicht. Denn sie schüttelte den Kopf. Sah ich so wenig vertrauenerweckend aus? Dabei hatte ich mich gerade vor Dienstantritt erst rasiert, und auch der Bluterguss von der geplatzten Ader im Auge, der mich zwei Wochen lang wie ein Vampir hatte aussehen lassen, war beinahe zur Gänze verschwunden. Ich probierte es noch mal.

»Please open. Es brennt in Ihrem Zimmer. Fire, Feuer«, sagte ich und machte dazu ein fauchendes Geräusch, das zumindest ein wenig wie loderndes Feuer klingen sollte. Dazu formte ich mit meinen Händen eine Kugel, die ich dann explodieren ließ. Ach, wozu redete ich überhaupt? Sie verstand mich ja sowieso nicht. Ich kam mir dämlich vor. Aber nur Pantomime vorzuführen und seltsame Laute zu machen kam mir noch bescheuerter vor. Also machte ich weiter wie bisher.

»Fire, you know? Feuer. Hot, gefährlich, smoke.« Ich machte Hustgeräusche. Dann legte ich meine Handflächen senkrecht aneinander, als würde ich beten, bewegte schnell die Finger und hoffte, dass es wie ein loderndes Feuer aussah. Das tat es offenbar nicht. Denn es folgte keine Reaktion. War ich wirklich so mies? War das etwa auch der Grund, warum bei Activity niemand mit mir zusammenspielen wollte? Immerhin war ich mir mittlerweile ziemlich sicher, dass die Situation da drinnen nicht lebensbedrohlich sein konnte, so ruhig, wie die junge Frau war. Aber irgendetwas brannte definitiv. Die Lage konnte sich also jederzeit verschärfen. Wer wusste schon, was sie angezündet hatten?

Angezündet – bei dem Wort kam mir eine Idee. Ich kramte in den Taschen meines Anzugs und zog schließlich ein Feuerzeug mit dem Logo der Pizzeria Mario hervor. Ich selbst rauchte nicht, wurde jedoch immer wieder von Gästen nach Feuer gefragt. Daher hatte ich immer zumindest ein Feuerzeug dabei. Ich suchte nach etwas Brennbarem in meinen Taschen, doch da war nichts. Mist. Ich sah mich auf dem Flur um. Nirgendwo ein Taschentuch oder eine weggeworfene Papiertüte. Tja, da blieb nur mehr eine Möglichkeit. Ich zog mein Hemd samt Shirt hoch bis zur Brust und fingerte in meinem Bauchnabel herum. Bingo! Mein Bauchnabel war wie ein schwarzes Loch. Keine Flusen im Umkreis von einem Meter konnten ihm entkommen. Sie wurden gnadenlos angezogen und in seinem unerbittlichen Schlund für alle Ewigkeit jenseits von Raum und Zeit festgehalten. Triumphierend hielt ich die Flusen hoch, sodass die Frau sie sehen konnte, legte sie auf meine Handfläche und zündete sie mit dem Feuerzeug an. Das Häufchen brannte nur kurz, aber es genügte, um ein wenig Rauch zu erzeugen. Auf den zeigte ich dann mit dem Finger, und kurz darauf deutete ich durch den Schlitz in der Tür hinein in das Zimmer. »Feuer und Rauch im Zimmer. Fire and smoke in the room«, sagte ich zur Sicherheit dazu. »Ring, ring, ring, Alarm!«

Die chinesische Frau begann zu lachen, schob die Kette zur Seite und öffnete die Tür. Sehr gut, meine kleine Vorführung hatte offenbar funktioniert. Sie hatte verstanden. Vielleicht aber auch nicht, und die Frau hatte sich einfach nur gedacht, dass jemand, der sich vor ihren Augen die Flusen aus dem Bauchnabel holte, um daraus Feuer zu machen, wohl keine Gefahr für sie darstellte. Oder sie dachte sich: »Den lasse ich lieber rein, bevor er noch auf die Idee kommt, sich einen Furz anzuzünden.« Egal, Hauptsache, ich konnte endlich in das Zimmer, um nach dem Rechten zu sehen. Die Frau, die mich hereingelassen hatte, trug nur ein großes Handtuch, das sie über der Brust zusammengebunden hatte.

Ich ging ein paar Schritte in den Raum hinein und sah mich um. Der Rauch war hier allgegenwärtig, und es roch stark nach irgendwelchen Kräutern. Kein Wunder, dass der Melder angeschlagen hatte. »Hallo, ist da jemand? Hello, is there someone here? There was an alarm because of the smoke«, sagte ich in keine bestimmte Richtung. Dann ging ich weiter.

Schließlich sah ich auf dem Bett zwei weitere Chinesinnen. Eine lag nackt auf dem Bauch, während ihr die andere, die ebenfalls nur ein Handtuch um die Brust gebunden hatte, kleine Dinger aus Kräutern oder etwas in der Art auf die Haut setzte und anzündete. Moxibustion, oder kurz Moxa, nennt sich das, wie ich später erfahren sollte. Man verbrennt sich damit die Haut, was nach Traditioneller Chinesischer Medizin gut für den Fluss des Qi sein soll. Was auch immer man davon halten mag, bei mir hatte es jedenfalls für eine erstklassige Durchblutung meiner Beine und Lungen gesorgt.

»Please stop. Aufhören«, forderte ich die Frauen auf. »Alarm!« Ich deutete an die Decke zum Brandmelder. Und dann brach die Hölle los. Durch die Zimmertür stürmten zwei Feuerwehrleute in voller Montur. Angelegter Atemschutz, Sauerstoffflasche auf dem Rücken, Helm, das volle Programm. Hätte ich nicht bereits so viele Feuerwehreinsätze miterlebt, hätte ich sie in dem ganzen Rauch für Aliens oder Mitglieder einer Antiterroreinheit gehalten. Die Frauen zogen offenbar ähnliche Schlüsse, denn alle drei begannen zu schreien.

»Raus, sofort raus hier!«, brüllte einer der Feuerwehrmänner. Keine der Frauen reagierte auf den Befehl. Alle drei hatten sich zu Boden geworfen, Arme und Beine an den Körper gezogen und kreischten.

Ich versuchte, das Ganze aufzuklären: »Sie verstehen kein Deutsch. Und es sind auch nur Kräuter, die da glosen, es ist kein …«

»Out, everyone out of here!«, brüllte der Mann noch lauter.

Wieder nur mit dem Effekt, dass die Frauen in Embryostellung ein weiteres Kreischkonzert von sich gaben.

»Sie sprechen auch kein Englisch«, versuchte ich zu erklären. »Nur Chinesisch.«

»Okay, genug, tragen wir sie raus«, rief er.

Er nahm die erstbeste Chinesin, es war die nackte, die auf dem Bett gelegen war, und warf sie sich über die Schulter, als wäre sie ein Sack Mehl. Ein sehr leichter Sack Mehl. Also mehr so ein Kilo Mehl aus dem Supermarkt. Wie konnte man nur so kräftig sein? Er trug die Frau problemlos hinaus auf den Flur und setzte sie gegenüber der Zimmertür an die Wand. Sein Kollege hatte sich ebenfalls eine Frau geschnappt. Es war die, die mich hereingelassen hatte. Er nahm sie gentlemanlike in die Arme, statt sie über die Schulter zu werfen, und trug sie hinaus. Es war dennoch ruppig genug, dass sie dabei ihr Handtuch verlor. Die Männer arbeiteten verdammt schnell. Das war ihr Job. Im Brandfall zählte nun mal jede Sekunde. Da blieb keine Zeit für Rücksicht auf Scham oder Eitelkeit.

Ich stand mit der letzten verbliebenen Frau im Zimmer. Sie starrte mich panisch an. Was sollte ich tun? Sie beruhigen oder ihr die Sache erklären funktionierte aufgrund der Sprache nicht. Sie selbst hinaustragen? Das würde nicht gut gehen, fürchtete ich. Sie war doch relativ, nun ja, fest gebaut. Es hatte vermutlich seinen Grund, warum sich die Feuerwehrleute sie bis zuletzt aufgehoben hatten. Die würden sie zu zweit tragen müssen. Ich würde mir dabei jedenfalls mit Sicherheit einen Bandscheibenvorfall zuziehen und dann selbst von einem der Männer hinausgetragen werden müssen. Nein, das wollte ich ganz bestimmt nicht. Hinunter in die Lobby, womöglich vorbei an ein paar meiner Kollegen, wie eine Prinzessin auf den Armen ihres edlen Retters. Nein danke.

Bevor ich noch weitere Überlegungen anstellen konnte, waren die beiden Jungs von der Feuerwehr wieder da. Einer nahm die Chinesin bei den Händen, einer bei den Füßen, und so trugen sie sie hinaus. Ich ging hinterher. Auch Frau Nummer drei wurde an die Wand auf dem Flur gesetzt, neben ihre Freundinnen. Sie hatte es irgendwie geschafft, ihr Handtuch anzubehalten. Das teilte sie nun mit den anderen beiden, die bisher ihre Blöße nur mit den Händen bedeckt hatten. Zu dritt drängten sie sich hinter dem Handtuch und schluchzten und weinten.

Einer der Männer ging wieder hinein, um das Zimmer zu untersuchen. Der andere bleib bei mir auf dem Flur und nahm seine Atemschutzmaske ab. Jetzt erkannte ich ihn. Er hieß Erich oder Otto, oder so. Er wusste jedenfalls genau, wer ich war. Als Brandschutzbeauftragter war man auf der zuständigen Feuerwache bekannt. »Also Chris, was war da drinnen los?«, fragte mich Erich oder Otto.

»Na ja, wie es aussieht, haben sich die Frauen da so Kräuter auf die Haut gelegt und angezündet. Das hat dann den Alarm ausgelöst.«

»Moxa«, sagte er nur.

»Wie bitte?«, fragte ich.

»Das Zeug heißt Moxa. Meine Frau lässt sich das immer bei ihrem TCM-Arzt machen. Sie schwört darauf.«

»Aha, tut das nicht weh?«

»Das hoffe ich doch. Dummheit muss wehtun. Sie hat richtige Brandblasen davon. Aber sie sagt, ihr hilft's.«

»Hmm, na ja, jeder, wie er meint. Also die haben jedenfalls dieses Moxa-Zeug angezündet. Das macht ziemlich viel Rauch, was das Auslösen des Rauchmelders erklärt. Warum auch der thermische Sensor angesprungen ist, weiß ich nicht.«

»Vermutlich ein Fehler«, sagte Erich oder Otto. »Jochen, sind wir glücklich?«, brüllte er dann hinein in das Zimmer.

»Ja, wir sind glücklich«, konnte man gedämpft von drinnen hören. »Der Scheißsensor war defekt. Fehlalarm.«

»Na bitte, da haben wir's. Alles gut«, sagte der Feuerwehrmann zu mir.

»Okay. Dann können wir die sich ja wieder anziehen lassen?« Ich deutete auf die drei immer noch schluchzenden Frauen.

»Nein.«

»Nein? Wieso nicht?«

»Ich bin hier noch nicht fertig. Erst wenn keine Gefahr mehr im Verzug ist.«

»Gefahr? Welche Gefahr denn?«, fragte ich.

»Die Gefahr ist erst wirklich vorüber, wenn die drei Intelligenzbestien da verstanden haben, dass sie das nie wieder in einem Hotelzimmer und schon gar nicht auf einem Bett mit den ganzen leicht entzündlichen Kissen und Laken machen dürfen. Erstens habe ich keine Lust, noch einmal mitten in der Nacht wegen asiatischem Hokuspokus auszurücken, und zweitens habe ich noch viel weniger Lust, ein paar verkohlte Leichen zu bergen. Denn das hier hätte auch ganz anders ausgehen können.«

Jetzt kam Jochen aus dem Zimmer. Er hatte mittlerweile ebenfalls die Maske abgesetzt, hielt Erich oder Otto ein paar der Moxa-Klümpchen hin und sagte: »Da haben wir die Übeltäter. Die haben da drin gekifft.«

Erich oder Otto sah ihn mitleidig an. »Ja genau, Jochen. Danke. Du kannst jetzt runtergehen. Ich mache hier alles fertig und komme gleich nach.«

»Alles klar«, antwortete Jochen und ging den Flur hinunter.

»Wollen Sie ihm nicht sagen, dass das kein Gras ist?«, fragte ich. »Nicht, dass er die Polizei alarmiert oder so.«

»Keine Sorge«, sagte der Feuerwehrmann. »Der hat sich höchstens etwas eingesteckt und wird früher oder später selbst drauf kommen.«

Erich oder Otto nahm das Moxa-Kraut in die Hand, das ihm Jochen gegeben hatte, und wedelte damit vor den Augen der drei Frauen und ihrem gemeinsamen Handtuch herum. »No Moxa in Hotel«, sagte er zu ihnen. Er sprach betont langsam und deutlich, als hätte er es mit geistig Behinderten zu tun. »Moxa bad. Moxa make fire. No Moxa. Understand?« Er deutete mit dem Zeigefinger auf die Kügelchen und schüttelte dabei den Kopf.

Ich hielt mir die ganze Zeit über die Hand vor die Augen und sah zur Seite, so unangenehm war mir das. Ich glaube, »Fremdschämen« war das passende Wort.

»Never again. Okay? Never again.«

So peinlich der Vortrag auch gewesen war, die Botschaft schien trotz der Sprachbarriere irgendwie angekommen zu sein. Alle drei nickten eifrig und schüttelten dann den Kopf, und dann nickten sie wieder. Das sollte wohl bedeuten: Ja, ich habe verstanden. Nein, ich werde es nie wieder tun. Ja, alles klar. Andererseits kannte man das ja von Konversationen mit Menschen, die kein Wort von dem verstanden, was man sagte. Die nickten auch immer fleißig, aber an ihren Augen konnte man sehen, dass da oben kein Licht an war.

Na, jedenfalls war der Feuerwehrmann überzeugt, dass er seine Message an die Frau gebracht hatte, denn er begann zu lächeln. Und, wer hätte das gedacht, die drei Chinesinnen lächelten ebenfalls. Aber er war noch nicht fertig. Er ging vor den dreien in die Hocke und sagte bedrohlich leise, mit weiterhin lächelndem Gesicht: »Wenn ich noch einmal kommen muss, weil ihr in eurem Zimmer Kräuter abfackelt, dann ...« Er klatschte dreimal mit einer Hand auf die andere.

Das sollte wohl darstellen, dass er ihnen in diesem Fall die Hintern versohlen würde. Bei den drei Ladys kam das jedoch etwas anders an. Sie begannen begeistert Beifall zu klatschen. Sie lachten fröhlich und applaudierten. Erich oder Otto war sichtlich irritiert. Er stand auf und sagte zu mir: »Gut, ähm, ich denke, die Botschaft ist angekommen. Zumindest größtenteils. Du kannst sie wieder ins Zimmer lassen.«

Das tat ich dann auch. Als sich die Frauen angezogen hatten, fragte ich, ob ich ihnen noch irgendwie behilflich sein könnte. Sie verstanden das natürlich nicht, aber ich wollte nicht einfach wortlos gehen. Dann zog eine von ihnen ein paar Scheine aus der Tasche und hielt sie mir hin. Ich vermutete, sie wollte damit die durch den Feuerwehreinsatz entstandenen Kosten begleichen. Vielleicht sollte es auch Trinkgeld sein. Ich wusste es nicht. Jedenfalls lehnte ich kopfschüttelnd ab und verließ das Zimmer. Wir verrechneten Feuerwehreinsätze so gut wie nie an Gäste weiter. Auch wenn sie diese selbst verschuldet hatten, wie in diesem Fall. Nur wenn wir nachweisen konnten, dass jemand den Alarm mutwillig und mit Vorsatz ausgelöst hatte, dann wurde er zur Kasse gebeten.

Als ich mich auf den Weg zurück zur Lobby machte, funktionierten die Aufzüge bereits wieder. Gut, ich wollte meinen Couscous-Salat heute kein drittes Mal essen.

Chriskobra, übernehmen Sie!

Als Nachtportier hat man viele Aufgaben. Zwischen 23 Uhr und 7 Uhr ist man Mädchen für buchstäblich alles. Dieser Abwechslungsreichtum war der Aspekt an meinem Job, der mir am besten gefiel. Kaum glaubte ich, ich hätte bereits alles Mögliche einmal gemacht, sah ich mich einer neuen Aufgabe gegenüber.

Ich war an diesem Abend eine gute halbe Stunde vor Dienstbeginn im Hotel. Kaum hatte ich mich umgezogen, kam auch schon Katastrophen-Susanne auf mich zu. *Ach nein, bitte nicht*, dachte ich mir. *Ich habe heute wirklich keine Lust auf einen Feueralarm.* Aber meine Sorge war unberechtigt. Susanne, meine Chefin, wollte mich nur für den Nachtdienst briefen, bevor sie selbst nach Hause ging.

»Hallo, Chris!«, sagte sie. »Ich habe heute eine besondere Aufgabe für dich.«

»Das klingt interessant. Lass mal hören«, sagte ich.

Dann sah sie sich um, als hätte sie Angst, beschattet zu werden. Sie begann leiser zu sprechen: »Nicht hier, wo uns alle hören und sehen können. Komm mit.« Sie zog mich in die Kammer hinter der Rezeption, wo wir unter uns waren. Ich wurde noch neugieriger.

»Okay, hör zu«, sagte sie. »Ich hatte vorgestern ein Meeting mit dem Chef der Restaurants. Und als wir fertig waren, haben wir noch ein wenig persönlich geplaudert. Wir kennen uns ja schon lange. Und da erzählt er mir, dass er seit drei Monaten Umsatzrückgänge in einem der Restaurants verzeichnet, was ihm einiges Kopfzerbrechen bereitet.«

»Na ja, weniger Gäste?«, mutmaßte ich.

»Nein, das ist es ja gerade, was ihm seltsam vorkommt. Das Restaurant ist genauso gut besucht wie immer, aber verdient weniger pro Kopf. Und er hat keine Ahnung, warum.«

»Vielleicht konsumieren die Gäste einfach nicht mehr so viel.«

»Möglich, aber warum? Warum so plötzlich? Und warum nur in diesem Restaurant? Überall sonst im Hotel ist der Pro-Kopf-Umsatz mehr oder weniger gleich geblieben.«

»Hmm, also da habe ich auch keine Antwort darauf. Ich bin aber auch nicht wirklich vom Fach, wie du weißt. Was meint denn der Restaurantchef?«

»Der glaubt, wir werden beschissen.«

»Beschissen? Von wem denn? Und wie?«

»Genau das sollst du herausfinden.«

»Ich? Warum ausgerechnet ich? Ich habe mit den Restaurants nicht das Geringste zu tun.«

»Und genau deswegen bist du der Richtige für den Job. Der Restaurantchef weiß momentan nicht, wer alles in der Sache mit drinsteckt und wem er trauen kann. Deswegen will er es in seiner Abteilung gar nicht erst ansprechen. Damit niemand merkt, dass er bereits Verdacht geschöpft hat. Er weiß ja nicht einmal, ob es überhaupt jemand aus seiner Abteilung ist. Aber er will auf Nummer sicher gehen. Du bist abteilungsfremd, dir vertraut er.«

»Wie kommt er dazu, mir zu vertrauen? Er kennt mich ja kaum.«

»Weil ich ihm gesagt habe, dass du ein ehrlicher Typ und obendrein ein kluger Kopf bist.«

Jetzt nur nicht rot werden oder Stolz in der Stimme erkennen lassen.

»Wirklich? Ja, also, das hört man natürlich gerne. Danke.«

»Nachdem ich einige Zeit lang auf ihn eingeredet hatte, hat er schließlich zugestimmt, dass ich dir das hier zeige.«

Susanne rollte mit ihrem Bürostuhl hinüber zum großen Aktenschrank, holte drei dicke Ordner im A4-Format hervor und rollte mit ihnen auf dem Schoß wieder zurück.

»Hier drin«, sagte sie und ließ die schweren Ordner vor mir auf den Tisch fallen, »sind alle Umsätze des Restaurants der letzten drei Monate aufgelistet, seit es mit den Umsatzrückgängen begonnen hat, und die Umsätze derselben Monate des Vorjahres. Zusätzlich findest du darin auch sämtliche Tischreservierungen, die Dienstpläne der Kellner und noch einiges mehr.«

»Und was genau soll ich damit?«

»Wenn mal nichts los und dir langweilig ist, sieh es dir bitte an. Vielleicht fällt dir etwas auf, was die Umsatzrückgänge erklären könnte. Das ist keine Dienstanweisung, sondern einfach nur eine Bitte. Du kannst auch ablehnen.«

Sie sah mich an und wartete auf meine Antwort. Ganz wohl war mir bei der Sache nicht. Das war im Grunde nichts anderes als interne Ermittlungen gegen Kollegen. Und das war nun wirklich nicht meine Aufgabe als Night Audit. Gleichzeitig reizte mich aber die Herausforderung, und das mir entgegengebrachte Vertrauen setzte mich auch gehörig unter Druck. Dazu noch die direkte Bitte meiner Vorgesetzten. Sie hatte mich da in eine Zwickmühle gebracht.

»Okay, machen wir so«, sagte ich schließlich. »Lass mir die Ordner mal da. Ich werde sehen, was ich machen kann.« Das war weder eine Zu- noch eine Absage. So ließ ich mir alle Optionen offen. Wenn ich mich entschied, es nicht zu tun, dann konnte ich immer noch behaupten, ich hätte nichts gefunden.

»Geht klar, Chris, danke«, sagte Susanne. »Aber lass die Ordner auf keinen Fall irgendwo rumliegen, wo auch andere sie sehen können. Und ich brauche dein Wort, dass du hier absolute Verschwiegenheit walten lässt. Das ist ein heikles Thema. Sowohl der mögliche Betrugsfall als auch die Daten, die ich dir zur Verfügung gestellt habe. Die bekommen normal nur wenige Leute zu sehen. Also keine Silbe zu irgendwem, versprochen?«

»Night-Audit-Ehrenwort.«

»Gut. Dann wünsche ich dir einen angenehmen Dienst und viel Erfolg hiermit.« Sie deutete auf die Ordner.

»Ach, eine Frage noch«, schob ich hinterher. »Gibt's das auch digital?«

Ich wusste, dass meine Chefin eine Frau der alten Schule war. Aber drei Aktenordner voll Papier? Das war mir doch ein wenig zu sehr 20. Jahrhundert. Keine Suchfunktion, kein Copy & Paste. Und wie hieß es so schön am Ende von E-Mails? Please consider the environment before printing.

»Tut mir leid, nichts Elektronisches«, antwortete sie. »Jede Mail hat einen Absender und jeder Login wird registriert. Aber den Haufen Papier da auf dem Tisch, den könnte jeder vergessen haben.« Sie zwinkerte mir zu und verließ den Raum.

Das Ganze hatte eindeutig etwas von *Mission: Impossible*. Nur dass sich Susanne, als Überbringerin des Auftrags, nicht nach fünf Sekunden selbst zerstört hatte. Zumindest war mir kein Knall und auch kein darauffolgender Fleischregen in der Lobby aufgefallen.

Als mein Dienst begann, legte ich mir alle drei Ordner auf den Tisch. Nicht zu nah, damit es nicht so aussah, als würden sie mir gehören, aber auch nicht so weit entfernt, dass ich sie nicht mit ausgestreckter Hand erreichen konnte. Die Nacht verging, ohne dass ich auch nur einen davon geöffnet hätte. Es war beinahe durchgehend etwas los gewesen, und die wenigen Pausen hatte ich zum Fertiglesen von Neil Gaimans *Neverwhere* verwendet. Als ich die Ordner wieder in den Aktenschrank stellte, wusste ich immer noch nicht, ob ich an dieser Sache überhaupt mitwirken wollte.

Am Tag darauf hatte ich wieder Dienst. Wieder legte ich mir die Akten zurecht. Und als ich gegen 3 Uhr früh einen Durchhänger hatte, schlug ich einen der Ordner auf. Mehr um mich wach zu halten, als um wirklich daran zu arbeiten. Die schiere Menge an Zahlen war gewaltig. Klar, hier waren wirklich alle Transaktionen des Restaurants aufgeführt. Jeder Kaffee, jede Suppe, jedes Schnitzel war erfasst. Von welchem Tisch bestellt, von welchem Kellner aufgenommen und kassiert, bar oder mit Karte bezahlt, einfach alles. Ich ließ die Blätter durch meine Finger gleiten, und mir fiel auf, dass ich nicht die geringste Ahnung hatte, wonach ich suchen sollte. Ich verstand dank meiner Ausbildung zwar die Basics des Restaurantbetriebs recht gut und hätte nach einem kurzen Crashkurs notfalls sogar als Kellner einspringen können. Aber wenn jemand raffiniert genug war, um monatelang nicht aufzufliegen, dann würden meine Kenntnisse wohl kaum dazu ausreichen, ihn zu überführen. Ich klappte den Ordner wieder zu und beschloss, bei nächster Gelegenheit alle drei wieder an meine Chefin zurückzugeben. Ich war einfach nicht der Richtige für den Job. Da musste ein Buchhalter ran oder ein Finanzprüfer.

Drei Tage später hatte ich meinen nächsten Dienst. Ich hatte Susanne seitdem nicht gesehen, und die Ordner standen immer noch im Aktenschrank. Die Nacht war wieder sehr ruhig, und so holte ich irgendwann doch einen der schweren Papierberge hervor. Ich blätterte lustlos durch die Seiten, und schließlich begann ich mir aus Langeweile auszurechnen, wie viel Umsatz das Restaurant denn so pro Tag machte. Wenn man mir das Material schon anvertraute, dann durfte ich auch neugierig sein. Ich addierte also alle Rechnungsbeträge desselben Datums, und die Gesamtsumme war beachtlich. Wenn das schon ein schwacher Umsatz war, wie musste dann erst ein guter aussehen?

Der Restaurantchef hatte festgestellt, dass der Pro-Kopf-Umsatz gesunken war. Wenn ich den Tagesumsatz durch die Anzahl der ausgestellten Rechnungen dividierte, müsste das den durchschnittlichen Umsatz pro Tisch ergeben. Aber pro Person? Ich hatte keine Ahnung, wie man herausfinden sollte, wie viele Menschen an dem jeweiligen Tisch gesessen hatten. Vielleicht gab es ja einen statistischen Personenwert pro Rechnung. Ich wusste es nicht. Es war jedenfalls doch um einiges interessanter als gedacht, so tief in den Eingeweiden des Restaurants wühlen zu können. Deshalb rechnete ich spaßeshalber weiter herum. Wie viele Rechnungen wurden pro Tag ausgestellt, wie viele Kaffee wurden getrunken, welches Gericht verkaufte sich am besten, welche Kellner und welche Tische machten den meisten Umsatz, wie viele Gäste bestellten Ananas auf ihre Pizza, alles, was mir so einfiel.

Ich erstellte sogar eine Kurve, auf der man erkennen konnte, um welche Uhrzeit das meiste Bier ausgeschenkt wurde. Nur so viel: Es war nicht abends. Und als ich so mit den Zahlen spielte, fiel mir etwas auf. Ich wusste nicht, ob es irgendetwas zu bedeuten hatte, aber ich beschloss, es Susanne gegenüber bei nächster Gelegenheit zumindest zu erwähnen.

»Sieh mal hier in dieser Spalte«, sagte ich zu Susanne während meines übernächsten Dienstes. Ich hatte sie zuvor gebeten, mir nach Möglichkeit bald einmal wieder für ein Stündchen Gesellschaft zu leisten. Ich hätte da etwas gefunden. Und nun war es so weit.

»Hier habe ich alle Rechnungen eines Tages addiert. Also die Anzahl, nicht die Rechnungsbeträge. Und gleich daneben siehst du die Anzahl aller ausgestellten Zwischenausdrucke.«

»Ja, die Summen sind nicht identisch. Müssen sie aber auch nicht sein. Nicht aus jedem Zwischenausdruck wird auch eine Rechnung.«

»Also ist das normal?«

»Nicht weiter ungewöhnlich, würde ich sagen.«

»Okay, dann sieh dir das mal an. Hier siehst du, wie oft ein Zwischenausdruck von einem Tisch zum anderen transferiert wurde.«

»Ja, die Möglichkeit gibt es. Wenn sich ein Gast umsetzt, dann muss der Kellner seine bisherige Rechnung zum neuen Tisch übertragen können.«

»Setzen sich Gäste wirklich so oft um?«

»Kann schon sein, ja. Das kommt meistens vor, wenn sie draußen sitzen und es dann zu regnen beginnt oder es ihnen zu kalt wird. Oder wenn ein Gast neben der Tür sitzt und dann ein besserer Tisch frei wird.«

»Und hast du auch eine Erklärung dafür, warum die Anzahl dieser Tischtransfers in den letzten drei Monaten um ungefähr sechzig Prozent höher ist als in den Vergleichsmonaten des Vorjahres?«

»Nein. Aber das ist interessant. Die Anzahl der Transfers hat sich meines Wissens nach noch niemals jemand angesehen. Sie sind im Grunde ja unbedeutend.«

»Da gibt es noch etwas Auffälliges. Wenn man sich ansieht, wer diese Transfers durchgeführt hat, dann merkt man, dass über achtzig Prozent aller Transfers in den letzten drei Monaten von nur vier verschiedenen Kellnern durchgeführt wurden. Es sind neuerdings also fast immer dieselben Leute, bei denen die Gäste den Tisch wechseln. In den Vergleichsmonaten haben sich die Transfers noch ziemlich gleichmäßig auf alle Kellner aufgeteilt. Das ist doch seltsam, oder?«

Susanne zog die Mappe mit meinen Notizen und Berechnungen zu sich und sog Luft durch ihre zusammengepressten Lippen. »Sehr seltsam sogar. Was glaubst du, was das bedeutet?«, fragte sie.

»Ich habe nicht die geringste Ahnung. Aber diese Abweichungen zum Vorjahr sind so groß, dass sie wohl kaum Zufall sein können. Ich habe nur keine Ahnung, wie man daraus Profit schlagen könnte.«

»Ich auch nicht, Chris, ich auch nicht. Aber ich rede mal mit dem Restaurantchef. Mal sehen, was ihm dazu einfällt. Ich halte dich auf dem Laufenden.«

In den folgenden zweieinhalb Wochen sah ich meine Chefin nicht besonders häufig. Und immer wenn ich sie fragte, ob es Neuigkeiten gab, verneinte sie. Ich solle mich noch ein wenig gedulden, sie würde schon auf mich zukommen. Als sie dann schließlich auf mich zukam, hatte sie beide Hände hinter dem Rücken versteckt.

»Hut ab, Chris, Hut ab«, sagte sie. »Du hast es geschafft. Gratulation!« Sie holte eine Flasche Champagner hinter dem Rücken hervor und drückte sie mir breit grinsend in die Hand.

»Was ist los? Seid ihr draufgekommen?«, fragte ich.

»Du bist draufgekommen. Du hast uns auf die richtige Spur gebracht.«

»Jetzt erzähl schon! Ich will Details, alle Details«, sagte ich ungeduldig.

»Okay, dann hör zu. Nachdem du das mit den Kellnern herausgefunden hattest, haben wir uns voll und ganz auf diese vier konzentriert. In den letzten Wochen haben wir mehrmals am Tag Lockvögel zum Essen in das Restaurant geschickt und sie immer an den Tischen der Verdächtigen Platz nehmen lassen. Diese Leute mussten danach die Rechnungen vorzeigen und ganz genau die Abläufe schildern. Von der Aufnahme der Bestellung bis zum Zahlen. Und weißt du, was wir ziemlich schnell herausgefunden haben?«

»Nein, natürlich weiß ich das nicht!«

»Sobald sie sagten, sie würden in bar zahlen, bekamen sie gar keine echte Rechnung vorgelegt, sondern nur einen Zwischenausdruck. Wenn du nicht vom Fach bist und auch nicht damit rechnest, fällt dir das nicht auf.«

»Und was hat der Kellner davon?«

»Moment, ich bin ja noch nicht fertig. Der Kellner kassiert also den Tisch ab und steckt sich das Geld privat ein. Die Rechnung ist in unserem Verrechnungssystem aber nach wie vor offen, weil er ja nur einen Zwischenausdruck ausgehändigt hat. Und jetzt kommt der Tischtransfer ins Spiel. Der Kellner transferiert die noch offene Rechnung auf einen anderen Tisch, sobald dort jemand das Gleiche bestellt hat wie am Tisch zuvor.«

»Wie wahrscheinlich ist das denn bitte?«

»Tagesspecial mit einem Bier? Schokotorte mit einem Espresso? Hühnerschnitzel mit Pommes und einer Cola? Die meisten Leute bestellen mehr oder weniger das Gleiche. Der Rest der Speisekarte ist mehr Show als eine ernst gemeinte Alternative. Vieles davon hätten wir nicht mal da, wenn es doch mal jemand bestellen würde. Aber das kommt so gut wie nie vor. Und wenn doch, dann ist es eben leider schon aus.«

»Wirklich? Wie langweilig. Okay, dann erzähl weiter.«

»Also, die Rechnung wird auf den neuen Tisch transferiert. Und wenn diese Personen dann zahlen, kassiert der Kellner das gleiche Gericht oder Getränk ein zweites Mal. Dieser Tisch bekommt dann auch eine echte Rechnung. Das Ergebnis ist: Er hat zwei Schnitzel serviert und zwei Schnitzel kassiert. Aber unser System weiß nur von einem. Das andere ist sein Privatgewinn. Und hundert Prozent steuerfrei.«

»Pfff, keine schlechte Idee. Respekt.«

»Stimmt. Und wenn sie es nicht so maßlos übertrieben hätten, wäre das weder dir noch sonst irgendwem jemals aufgefallen.«

»Jaja, die Gier war immer schon der beste Verbündete der Polizei. Im Grunde haben sie sich ja selbst überführt.«

Susanne sah mich an und fragte: »Hast du ein schlechtes Gefühl bei der Sache? Ich meine, wegen deiner Mitwirkung.«

Ich dachte kurz nach. »Eigentlich nicht«, sagte ich schließlich. »Es gibt einfach Grenzen, und in diesem Fall sind sie eindeutig überschritten worden.«

Ich meinte es auch so, wie ich es sagte. Kollegenschaft war mir wichtig, und ich deckte immer mal wieder Leute. Aber da ging es um Kleinigkeiten, um Gefallen. Wenn zum Beispiel jemand schwarz ein Zimmer brauchte, um bei seiner neuen Flamme mit einer Nacht im Luxushotel zu punkten, dann sah ich nur zu gerne weg. Aber bei handfestem Betrug hörte bei mir der Spaß auf. So etwas zu decken wäre nicht kollegial, sondern kriminell gewesen.

»Was habt ihr mit den Kellnern eigentlich gemacht?«, fragte ich.

»Wir haben sie zu den Night Audits versetzt.«

»Was?!«

»Nein. Rausgeworfen natürlich. Was denn sonst?«

»Und welche Strafe erwartet sie für den Betrug?«

»Gar keine. Wir haben sie nicht angezeigt.«

»Warum nicht?«

»Wir haben uns entschieden, das hausintern zu regeln. Belassen wir's dabei.«

Ich dachte in den folgenden Wochen immer wieder an diese Ereignisse und fragte mich des Öfteren, ob einer der Kellner vielleicht irgendwie davon erfahren hatte, dass ich an der Aufklärung der Sache beteiligt gewesen war. Susanne hatte mir mehrfach versichert, dass das unmöglich war und außer ihr und dem Restaurantchef niemand von meiner Mitarbeit wusste. Nun ja, die Zeit würde es zeigen. Sollten Sie in den kommenden Jahren irgendwann einmal über einen Zeitungsartikel stolpern, in dem steht: »Mysteriöser Mordfall. Ex-Night-Audit mit mehrfach von Tisch zu Tisch transferierter Restaurantrechnung die Kehle durchgeschnitten«, dann melden Sie sich bitte bei der Polizei und sagen ihr, sie möge im Kellnermilieu ermitteln. Danke.

Adam

Wir hatten wieder einmal eine große internationale Veranstaltung im Haus. Dieses Mal war es ein Polizeikongress. Hochrangige Polizeibeamte aus ganz Europa trafen sich, um, ähm, nun, eigentlich hatte ich nicht die geringste Ahnung, was Polizisten bei einem Polizeikongress so taten. Vermutlich besprachen sie Strategien zur Verbrechensbekämpfung, vereinbarten eine engere Zusammenarbeit zwischen ihren Ländern und legten Farbe und Format der nächstjährigen Strafzettel fest. Jedenfalls wimmelte das ganze Haus drei Tage lang rund um die Uhr von Beamten. Denn sie hielten nicht nur ihre verschiedenen Workshops und Meetings hier ab, sondern wohnten auch allesamt in unserem Haus. Die Stimmung unter den anderen Gästen, wie auch den Angestellten, war verhalten. Die meisten empfanden es als unangenehm, permanent von so viel Polizei umgeben zu sein. Es war wohl das schlechte Gewissen. Jeder, der irgendwann in seinem Leben einmal etwas Gesetzwidriges getan hatte, und sei es nur, versehentlich eine Flasche Buntglas in den Klarglasbehälter geworfen zu haben, schlich mit gesenktem Haupt durch die Gänge. Als hätte er Angst, jeden Moment identifiziert und verhaftet zu werden. Mich quälten solche Gedanken nicht. Ich war zeitlebens immer so unvorsichtig und ungeschickt gewesen, dass man mich bei jeder Schandtat gleich direkt erwischt und bestraft hatte. Mein Gewissen war rein wie das Reinheitsgebot.

Als ich an diesem Abend meinen Dienst antrat, war gerade die Schlussveranstaltung im großen Saal in vollem Gange. Ich hörte laute Musik und ausgelassene Rufe durch die geschlossenen Türen. Von Zeit zu Zeit machten sich Gäste auf den Weg in ihre Zimmer. Meistens einzeln, manchmal paarweise, aber immer schwankend. Die Party war bis 2 Uhr angesetzt. Um 2:30 Uhr wurde immer noch gefeiert. Aber was hätte ich tun sollen? Die Polizei rufen?

Kurz nach 3 Uhr hatte das Fest dann aber schon spürbar an Fahrt verloren. Die Discomusik war verstummt und vereinzelten lallenden Karaokedarbietungen gewichen. Sinatras »My Way« mit schwerem slawischem Akzent und 2,5 Promille vorgetragen – das musste man zumindest einmal im Leben gehört haben. Die Türen öffnete sich nur mehr selten, um den einen oder anderen Offizier auf allen vieren hindurchkriechen zu lassen. Kurz vor 4 Uhr war dann endlich Schicht im Schacht. Der letzte Welthit war erfolgreich vergewaltigt worden, und die letzte Polizeihauptkommissarin war auf ihrem Kriminaloberkommissar zu den Aufzügen geritten. Hüa!

Es muss so gegen halb fünf gewesen sein, die Vögel zwitscherten bereits, als ich – »Ding!« – einen der Aufzüge in der Lobby ankommen hörte.

Die Türen öffneten sich, doch niemand trat aus der Kabine. Als sich die Türen wieder schließen wollten, bewegte sich von innen eine Hand durch die Lichtschranke, um sie wieder zu öffnen. Dann steckte ein männlicher Jemand seinen Kopf heraus und blickte sich vorsichtig um. Als die Person sah, dass die Lobby, bis auf meine Wenigkeit, leer war, rannte sie heraus und hechtete hinter das große Ledersofa im Wartebereich. Wenn ich richtig gesehen hatte, war die Person nackt. Sie sah sich abermals im Raum um und rannte dann hinüber zur großen Palme, hinter deren Stamm sie sich abermals versteckte. Nun war es nicht mehr weit bis zu meinem Pult. Der Mann fasste sich ein Herz und rannte zu mir. Seine Hände bedeckten dabei, so gut wie möglich, sein Glockenspiel. Um die Hüften trug er, als einziges Kleidungsstück, wenn man das überhaupt als solches durchgehen lassen wollte, einen Waffengürtel. Glücklicherweise leer.

Exakt dieses Outfit war mir zwar bisher noch nicht untergekommen, aber es war nicht weiter ungewöhnlich, dass des Nachts jemand im Adamskostüm bei der Rezeption auftauchte und um Hilfe bat. Meistens hatten sich die Leute ausgesperrt. Aber ich hatte auch schon einmal einen nackten Gast bei mir gehabt, der, angesprochen auf seine Blöße, nur gemeint hatte, er sei zu faul gewesen, sich anzuziehen. Nachdem ich ihm dann die verlangten Sightseeing-Broschüren in die Hand gedrückt hatte, war er seelenruhig wieder auf sein Zimmer gegangen. Diese Leute waren übrigens immer Männer. Ausschließlich. Ich hatte noch nie eine nackte Frau im Hotel herumlaufen sehen und auch noch niemals von einem Kollegen davon gehört. Ich wusste nicht wirklich, warum das so war, aber ich erklärte mir das »Nackter-Mann-Phänomen« damit, dass es nun mal so gut wie immer die Männer waren, die fremde Zimmer besuchten, um dort diverse Abenteuer zu erleben. Und dann konnte es eben schon mal passieren, dass man nackt auf dem Flur landete. So war es übrigens auch meinem Gast mit dem Waffengürtel ergangen, wie sich herausstellen sollte.

»Wie kann ich Ihnen helfen?«, fragte ich den nackten Mann. »Möchten Sie vielleicht eine Decke?«

Wir hatten immer ein paar Wolldecken bei der Rezeption. Der Mann nahm eine der Decken dankend an, wickelte sich darin ein und fühlte sich sofort sichtlich wohler. »Sie haben doch sicher einen Universalschlüssel, oder?«, fragte er dann.

»Selbstverständlich. Haben Sie sich aus Ihrem Zimmer ausgesperrt?«, fragte ich.

»Ja, bitte lassen Sie mich wieder hinein.«

»Um welches Zimmer geht es denn?«

»Zimmer 307.«

Ich sah im Computer nach. Es war gebucht auf ein hochrangiges Mitglied der Polizei eines skandinavischen Landes.

»Kein Problem«, sagte ich. »Ich stelle Ihnen eine neue Schlüsselkarte aus. Ich müsste nur zuvor bitte Ihren Ausweis sehen.«

Der Mann legte den Kopf schief und sah mich mit gespielt bösem Blick an. Er grinste sogar leicht dabei.

»Tut mir leid«, sagte ich lachend. »Den musste ich einfach bringen.«

»Ja, der Witz war eh gut. Aber könnten Sie mich jetzt bitte wieder in das Zimmer lassen? Die Zeit drängt.«

Er nannte mir seinen Namen und seinen Rang. Die Informationen stimmten mit denen der Zimmerbuchung überein.

»Natürlich, hier ist eine neue Keycard zu Ihrem Zimmer.« Ich übergab ihm die frisch codierte Karte für 307.

»Es geht aber nicht um mein Zimmer. Also schon auch, aber nicht nur.«

»Das müssen Sie mir erklären«, sagte ich.

Er rang um die richtigen Worte und sagte schließlich: »Also, es ist so. Ich war bis vor Kurzem noch in einem anderen Zimmer, in der 403. Bei einer Kollegin, Sie verstehen?«

»Ich verstehe.«

»Und da kam es, nun ja, zu einer Art Unstimmigkeit während dem, ähm, während einer Amtshandlung. Woraufhin sie sich entschied, mich des Zimmers zu verweisen.«

»Sie hat Sie rausgeschmissen.«

»Ja, so könnte man es nennen. Leider befinden sich noch meine ganzen Klamotten in ihrem Zimmer, wie Sie sehen können.« Er deutete an sich hinunter. »Und diese Kollegin weigert sich nun beständig, mich noch einmal kurz reinzulassen. Also in das Zimmer, meine ich.«

»Wieso gehen Sie nicht auf Ihr eigenes Zimmer und holen sich von dort frische Sachen?«, fragte ich. »Sie haben doch sicher noch Ersatzkleidung.«

»Ja, selbstverständlich. Aber in mein eigenes Zimmer kann ich in dem Aufzug nicht gehen. Da drin schläft gerade eine andere Kollegin. Eine, die mir etwas nähersteht als die zuvor erwähnte.«

»Ihre Freundin?«

»Ja, sie würde es wohl so bezeichnen. Sie ist bereits vor Stunden schlafen gegangen, und ich habe ihr gesagt, ich würde noch länger auf der Party bleiben. Also kann ich jetzt schlecht nackt dort auftauchen. Das würde zu einem augenblicklichen Verhör mit darauffolgender Festnahme und standrechtlicher Exekution führen.«

»Ich verstehe. Aber ich weiß nicht so recht, wie ich Ihnen bei diesem Dilemma behilflich sein kann.«

»Bitte sperren Sie mit Ihrem Universalschlüssel das Zimmer der Kollegin auf, die mich rausgeworfen hat. Ich muss nur schnell meine Sachen holen und bin dann auch gleich wieder weg. Aber es muss wirklich rasch gehen. Meine Freundin kann jeden Moment aufwachen, und dann habe ich ein Problem.«

»Es tut mir leid, das kann ich nicht tun. Ich darf Sie nicht ungefragt in ein fremdes Zimmer lassen. Ich fürchte, das müssen Sie selbst mit Ihrer Kollegin klären. Bitten Sie sie doch einfach, Ihnen wenigstens die Klamotten vor die Tür zu werfen. Dafür muss sie Sie nicht einmal reinlassen.«

»Das hab ich ja schon eine Stunde lang versucht. Sie bleibt stur und sagt, ich soll mich verpissen und sie endlich schlafen lassen. Können Sie nicht mit ihr reden?«

»Warum sollte sie ausgerechnet mit mir reden?«

»Na, Sie sind hier eine Autoritätsperson.«

»Ich? Sie sind der Polizist.«

»Ja, aber meine Kollegin auch. Unter Kollegen funktioniert das leider nicht so mit der Autorität als Polizist. Bitte, ich flehe Sie an.

Versuchen Sie es wenigstens. Ich bekomme richtig große Probleme, wenn ich nicht bekleidet auf meinem Zimmer bin, bevor meine Freundin aufwacht.«

Eigentlich war der Mann ja wirklich selbst schuld. Wenn er unbedingt auf zwei Hochzeiten tanzen wollte, dann musste er eben jetzt auch mit den Konsequenzen leben. Andererseits tat er mir leid, wie er da so nackt mit dem lächerlichen Waffengürtel um die Hüfte und der Decke über den Schultern stand und mich anbettelte, ihm zu helfen. Und es war auch nicht mein Job, mich als Richter aufzuspielen. Die Privatangelegenheiten anderer Leute gingen mich nichts an. Mein Job war es, für unsere Gäste da zu sein, wenn sie etwas brauchten. Und der Mann hier brauchte definitiv etwas. Also sagte ich: »Gut, ich werde es probieren. Fahren wir hinauf zum Zimmer Ihrer Kollegin.«

Er dankte mir überschwänglich, und wir betraten den Aufzug. Oben angekommen, klopfte ich an die Tür mit der Nummer 403. Keine Reaktion. Ich klopfte noch mal.

»Ich hab dir gesagt, du sollst abhauen, du Arschloch«, rief eine weibliche Stimme von drinnen.

»Entschuldigen Sie bitte, hier ist der Nachtportier«, sagte ich.

Die Frau sagte nichts mehr. Nach einigen Momenten hörte ich Schritte, sie kam offenbar zur Tür. Ohne zu öffnen, fragte sie: »Was wollen Sie?«

»Ich stehe hier mit Ihrem Kollegen und wollte Sie bitten, dass Sie uns kurz die Tür öffnen.«

»Sagen Sie ihm, das kann er vergessen«, antwortete sie trotzig.

»Aber der Mann hat nichts weiter an als eine Decke, die ich ihm gegeben habe. Ich bitte Sie, ihm wenigstens seine Kleidungsstücke bei der Tür herauszureichen, damit er sich wieder anziehen kann. Sie müssen ihn nicht einmal hineinlassen.«

Die Frau schwieg. Der Polizeibeamte neben mir flüsterte: »Jetzt sperren Sie schon mit dem verdammten Universalschlüssel auf. Geht doch ganz schnell.«

»Nein! Auf keinen Fall«, flüsterte ich zurück. »Das darf und werde ich nicht tun. Vergessen Sie's!«

Die Kollegin drinnen im Zimmer hatte offenbar nachgedacht und sagte jetzt: »Nein, den Gefallen werde ich ihm nicht tun, so wie er mich behandelt hat.«

Ich sah zu dem nackten Mann hinüber und zuckte mit den Schultern.

Er bat mich: »Sagen Sie ihr, dass es mir leidtut.«

»Er sagt, dass es ihm leidtut«, sagte ich.

»Und dass ich es nicht so gemeint habe.«

»Er hat es nicht so gemeint.«

»Sie ist keine prüde Ziege.«

»Sie sind keine prüde Ziege.« Ich sah kopfschüttelnd zu ihm hinüber und formte mit den Lippen lautlos die Worte: »What the fuck?«

»Und wenn sie es nicht in den A..., äh, bestimmte Praktiken nicht mag, dann muss sie die auch nicht machen«, setzte er fort.

Sie hatte seine Worte gehört und brüllte wütend direkt hinter der Tür: »Ach, wie großzügig von dir! Selbstverständlich muss ich das nicht, du blöder Affe. Was glaubst du eigentlich, wer du bist?«

Der Mann sank in sich zusammen und sagte mit geknickter Stimme: »Ich weiß auch nicht. Ich war betrunken. Und im Rausch der Sinne. Ich habe es wohl einfach übertrieben. Es tut mir aufrichtig leid, das musst du mir glauben. Ich habe nur mehr wenig Zeit, um auf mein Zimmer zu kommen, das weißt du. Bitte zerstöre wegen der Sache nicht mein Leben.«

Ruhe auf beiden Seiten der Tür. Nach einiger Zeit sagte sie von drinnen: »Okay, du erbärmliches Arschloch. Hier hast du deine Scheißklamotten. Obwohl du sie dir nicht verdient hast.«

Sie öffnete die Tür einen Spalt breit und warf ein paar Kleidungsstücke heraus. »Und jetzt verpiss dich!«

Der hochrangige Polizeibeamte sagte: »Danke, ich danke dir!«, und begann augenblicklich in seine Kleidung zu schlüpfen. Boxershorts, Socken, Hose, Hemd, Jackett, fast alles war da. Nur die Schuhe hatte seine Kollegin, absichtlich oder unabsichtlich, vergessen. Das schien dem Mann aber egal zu sein. Und noch mal wollte er seine Kollegin garantiert um nichts bitten. Er konnte ja immer noch behaupten, er hätte seine Schuhe beim Tanzen verloren, es wäre eine Wette gewesen oder jemand hätte ihm draufgekotzt und sie wären im Müll gelandet. Bei den Mengen Alkohol, die bei der Party geflossen waren, alles glaubwürdige Ausreden. Während er sich das Hemd in die Hose steckte, rannte er in Socken hinüber zum Aufzug. Und dann war er fort.

Kurz vor meinem Dienstende um 7 Uhr sah ich den Mann samt Reisegepäck von den Aufzügen auf mich zukommen.

»Guten Morgen!«, sagte ich. »Noch alles gut gegangen?«

»Leider nicht. Als ich in mein Zimmer gekommen bin, hat sie schon auf mich gewartet und mich mit ihrer Privatwaffe bedroht.«

»Oh Gott!«

»Mit ihren Augen. Sie hat mich mit diesem bösen Blick angesehen, den nur Frauen haben. Und wenn der auf dich gerichtet ist, weißt du, es geht dir an den Kragen.«

»Ja, den kenne ich gut. Ich würde den Blick in den Lauf einer 45er diesem Blick jederzeit vorziehen.«

Er schnaufte kurz, was wohl als eine Art Mini-Lacher zu verstehen war. »Na, jedenfalls hat auch sie mich rausgeworfen und Schluss gemacht. Darum reise ich heute früher ab.«

»Das tut mir leid.«

»Immerhin durfte ich dieses Mal meine Sachen mitnehmen.«

Er lachte bitter.

Ich sah mir seine Zimmerrechnung an. Sie war sauber. Das Zimmer selbst war bereits vorab vom Ministerium bezahlt worden, und Extras hatte er keine konsumiert.

»Hier, bitte, Ihre Rechnung. Es ist bereits alles beglichen«, sagte ich und schob ihm das Stück Papier hin. »Ich nehme an, Ihre Freundin checkt dann etwas später aus?«

»Ex-Freundin. Ja, sie bringt Ihnen dann später die zweite Keycard vorbei.«

»Okay, kein Problem. Sie hat ja noch etwas Zeit.«

»Ich möchte mich noch mal für Ihren persönlichen Einsatz heute Nacht bedanken. Es tut mir leid, dass ich Sie in meine privaten Angelegenheiten mit hineingezogen und Ihnen solche Umstände gemacht habe.«

»Ist schon okay, ich habe es gerne gemacht. Schade, dass es letzten Endes doch nicht zu einem Happy End gereicht hat.«

»Ja, sehr schade. Aber das war nicht Ihre Schuld. Sollten Sie jemals in mein Land reisen und dort irgendwelche Schwierigkeiten bekommen, rufen Sie mich an. Das meine ich ernst.«

Er schob mir eine Visitenkarte über den Tresen, verabschiedete sich und ging hinaus zu einem der Taxis.

Nun kannte ich also einen Polizisten, der mir einen Gefallen schuldete. Nicht schlecht. Das konnten sicher nicht viele von sich behaupten. Sollte ich jemals in seinem Land versehentlich eine Buntglasflasche in den Klarglascontainer werfen, wusste ich jetzt, wen ich anrufen musste.

Der Mann, der aus der Kälte kam

Wie Sie ja bereits wissen, gehörte es auch zu meinen Aufgaben als Nachtportier, im Hotel nach dem Rechten zu sehen. Zweimal pro Nacht, immer um 2 Uhr und um 5 Uhr, nahm ich mein Diensthandy und die Taschenlampe und machte mich auf den Weg zu meinem Rundgang. Ich hatte die Aufgabe, sieben verschiedene Checkpoints zu besuchen. An jedem dieser Punkte steckte ich meinen Sicherheitsschlüssel in ein spezielles Schloss und drehte ihn darin. Diese Drehung wurde in der Zentrale registriert und war der Beweis, dass ich auch wirklich dort gewesen war. Meine Route führte mich in beinahe alle Ecken und Winkel des Hauses, außen herum um das Hotel zu jedem der Eingänge und auch hinunter in die Tiefgarage.

Es war ein eiskalter Wintertag, es müssen so um die −15 Grad Celsius gewesen sein, als ich mich wieder einmal für meinen 2-Uhr-Rundgang rüstete. Aufgrund der unwirtlichen Bedingungen draußen packte ich mich besonders dick ein. Extralanger Wollschal, Haube mit Ohrenschutz, Thermohandschuhe und drei Schichten Pullover und Westen unter meiner Daunenjacke. Als ich das Hotel über den Haupteingang verließ, begann es gerade zu schneien. Ich umrundete das Haus einmal zur Gänze und überprüfte dabei jeden der Seiten-, Lieferanten- und Hintereingänge sowie sämtliche Notausgänge. Dann betrat ich das Treppenhaus, das zur Tiefgarage hinunterführt, und war froh, den Außenbereich endlich verlassen zu können. Meine Fingerspitzen waren trotz der Handschuhe taub geworden.

Ich ging hinunter zu den Fahrzeugen und vergewisserte mich, dass auch dort alles okay war. Diesen Bereich mochte ich am wenigsten. Die Beleuchtung war schlecht, und auch mit Taschenlampe konnte man nicht gut sehen. Jeder Schritt erzeugte einen mehrfachen Widerhall, und die Schatten nahmen im Licht meiner Lampe alle möglichen bizarren Formen an. Ich war kein ängstlicher Typ, aber etwas unheimlich war es hier unten des Nachts schon. Daher war ich auch dieses Mal froh, meinen Schlüssel im Checkpoint-Schloss drehen und die Tiefgarage wieder verlassen zu können. Bevor ich ein weiteres Treppenhaus betreten konnte, um wieder nach oben zu kommen, musste ich einen Lagerraum durchqueren, in dem unter anderem die Liegestühle des hausinternen Fitnessclubs aufbewahrt wurden. Der Club hatte einen Outdoor-Pool, der im Winter natürlich geschlossen war. Daher wurden auch die Liegestühle momentan nicht gebraucht. Sie waren zusammengeklappt und zu jeweils zehn Stück übereinandergestapelt. Als ich an einem dieser Stapel vorbeiging, hörte ich plötzlich eine Stimme: »Bitte erschrecken Sie nicht!«

Es ist ganz gleich, was jemand sagt, wenn Sie mitten in der Nacht durch einen dunklen, stillen Raum gehen, mit niemandem rechnen und plötzlich angesprochen werden. »Boooo!«, »Hände hoch!«, »Ich liebe Currywurst!« oder eben »Bitte erschrecken Sie nicht!«. Natürlich erschrecken Sie sich! Und wie. Mir gefror das Blut in den Adern, mein Nacken verspannte sich, und mir entfuhr ein halblautes »Ah!«. Ich fuhr herum und suchte mit der Taschenlampe nach der Person, die da irgendwo sein musste. Doch ich fand sie nicht. Ich ging nicht davon aus, dass ich in unmittelbarer Gefahr schwebte. Welcher Dieb oder Mörder meldete sich schon mit »Bitte erschrecken Sie nicht!«? Oder haben Sie schon jemals einen Film gesehen, in dem der Verbrecher mit gezogener Pistole vor seinem Opfer steht und sagt: »Das wird jetzt etwas laut werden, wenn ich Sie erschieße. Aber keine Sorge, es knallt vielleicht zwei, höchstens drei Mal. Je nachdem, wie schnell Sie zu Boden gehen. Also bitte erschrecken Sie nicht.«

Trotzdem wollte ich wissen, wer da war. Und zwar sofort. Ich ließ den Lichtkegel der Lampe über die Liegestühle wandern, und dann sah ich ihn. Zuerst nur einen Arm, dann einen Kopf, und schließlich kroch ein ganzer Mann unter der untersten Liege eines Liegestuhlstapels hervor. Er hatte die Hände erhoben, als würde ich ihn mit einer Waffe bedrohen. »Bitte tun Sie mir nichts«, sagte er.

Vor mir stand ein Mann, der von der äußeren Erscheinung her so offensichtlich ein Obdachloser war, dass man ein Foto von ihm auf Wikipedia beim dazugehörigen Eintrag hätte abbilden können. Langer, ungepflegter Bart, eine schmutzige Mütze, unter der verfilzte Haarsträhnen hervorschauten, abgetragene Kleidung und Schuhe, die sich bereits im letzten Stadium der Auflösung befanden. Nur ein Accessoire fehlte für das totale Klischeebild: die Flasche Schnaps. Er hatte auch keine Fahne und tat sich nicht schwer beim Sprechen, der Mann war ganz offensichtlich nüchtern.

»Ich tue Ihnen nichts, nehmen Sie bitte die Hände runter. Ich bin kein Polizist«, beruhigte ich ihn. Dann schaltete ich das Licht im Raum ein, um ihn nicht länger mit der Taschenlampe blenden zu müssen. Auch nachdem er die Hände gesenkt hatte, war seine Körperhaltung defensiv und abwehrend. Er hatte sichtlich Angst. Vermutlich war er es gewohnt, vertrieben zu werden, und das nicht mit den sanftesten Mitteln.

»Was machen Sie hier?«, fragte ich ihn.

Obwohl die Frage eigentlich überflüssig war. Es war offensichtlich, dass er hier Zuflucht vor den eiskalten Temperaturen gesucht hatte.

»Ich habe geschlafen«, antwortete er.

»Sie können hier aber nicht schlafen. Das ist ein Hotel und keine Notschlafstelle«, sagte ich so sanft wie möglich.

»Ich kann bei diesem Wetter aber nicht im Freien schlafen.«

Da musste ich ihm recht geben. Bei Temperaturen wie diesen erfroren jedes Jahr Obdachlose auf den Straßen, wenn man sie nicht rechtzeitig fand.

»Schlafen Sie öfter hier?«, fragte ich.

»Hier zum ersten Mal.«

»Wo schlafen Sie sonst, wenn es so kalt ist?«

»Wo ich einen Platz finde. Vor Abluftauslässen von Tiefgaragen meistens.«

»Wieso gerade dort?«

»Die Luft, die dort rausgeblasen wird, ist sehr warm.«

»Und wieso heute nicht?«

»Heute war ich zu spät dran, und alle Plätze waren schon belegt.«

Was sollte ich tun? Rauswerfen konnte ich ihn nicht. Ich konnte schon, aber das wäre womöglich einem Todesurteil gleichgekommen. Also kam das für mich nicht infrage. Hierbleiben durfte er aber auch nicht. Da waren die Vorschriften eindeutig. Was jedoch nicht verboten war, war ein Gespräch.

»Wie heißen Sie?«, fragte ich.

»Oskar«, antwortete er.

»Hallo, Oskar. Ich bin Chris.«

Ich streckte ihm die Hand entgegen, und er schüttelte sie vorsichtig, als hätte er Angst, es wäre irgendein Trick.

»Also, Oskar, wie sind Sie hier eigentlich reingekommen? Die Türen sind alle verschlossen.«

Oskar entspannte sich etwas. Anscheinend war er mittlerweile zu der Überzeugung gelangt, dass ich tatsächlich nicht vorhatte, ihm etwas anzutun.

»Das Rollgitter bei der Garageneinfahrt. Es schließt so langsam, nachdem ein Auto durchgefahren ist, in der Zeit können zehn Leute durchschlüpfen«, erklärte er.

»Aber da ist eine Kamera«, erwiderte ich.

Er zuckte mit den Schultern. »Vielleicht ein großer toter Winkel. Offenbar hat mich niemand gesehen.«

Ich notierte mir das geistig. Diese beiden Dinge mussten geändert werden. Dass sich ein Obdachloser in die Garage schlich, um dort zu schlafen, damit konnte ich leben. Vor allem wenn er sich so gut versteckte wie Oskar, sodass unmöglich ein Gast über ihn stolpern konnte. Aber es gab da draußen Menschen, die nicht so harmlos waren. Der Gang alleine durch die Tiefgarage war für viele Gäste so schon unangenehm genug. Da mussten nicht auch noch reale Sicherheitsrisiken durch Versäumnisse und Schlampereien des Hotels dazukommen.

»Wieso suchen Sie sich eigentlich einen Platz wie diesen hier? Es gibt doch Notschlafstellen. Wieso sind Sie nicht in eine von denen gegangen?«, fragte ich.

Der Mann sah mich an und sagte dann: »Waren Sie schon einmal in so einer Notschlafstelle?«

»Nicht direkt. Ich habe einmal Kleiderspenden dort abgegeben, aber da konnte man nicht hineinsehen.«

»Wenn Sie einmal in so was übernachtet hätten, dann würden Sie auch lieber vor einem Abluftschacht schlafen.«

»So schlimm?«

»Da pferchen sie dich mit dreißig anderen Leuten in einem Raum zusammen. Es ist laut, und du bekommst die ganze Nacht kein Auge zu. Und wenn du doch mal für ein paar Minuten einschläfst, dann kannst du dir sicher sein, dass danach ein paar deiner Sachen fehlen. Und die Matratzen, auf die willst du dich nicht legen. Glauben Sie mir, Chris. Du musst dich extrem verrenken, um mit keinem Körperteil eine angepisste oder angeschissene Stelle zu berühren.«

Ich hatte mich immer schon gefragt, wieso auch bei eisigen Temperaturen so viele Obdachlose auf der Straße schliefen. Jetzt hatte ich zumindest eine Ahnung, warum.

»Das klingt wirklich abstoßend. Aber, Oskar, ich kann Sie nicht auf Dauer hier im Hotel übernachten lassen. Wenn das jemand bemerkt, bin ich meinen Job los. Und ich habe auch nicht jede Nacht Dienst. Früher oder später findet Sie jemand anderer. Und der handhabt die Situation vielleicht anders.«

Oskar sah mich an. Dann bückte er sich und zog einen Schlafsack und zwei Tüten mit seinen Habseligkeiten unter der Liege hervor. Ich kämpfte mit mir und suchte nach einer Lösung.

»Warten Sie, Oskar, warten Sie«, sagte ich schließlich. »Noch nicht jetzt. Es ist zu kalt draußen, und Sie müssen noch müde sein.«

Er nickte.

»Ich mache um 5 Uhr noch mal einen Rundgang. Bis dahin sollte hier niemand anderer vorbeikommen. Legen Sie sich noch mal schlafen. Aber wenn ich um 5 wiederkomme, dann muss ich Sie bitten, das Hotel zu verlassen. Deal?«

Er nickte. »Deal!«

»Soll ich das Licht angeschaltet lassen?«, fragte ich ihn.

Er schüttelte den Kopf.

»Okay, na dann: Gute Nacht«, sagte ich, schaltete das Licht im Raum aus und ging über das angrenzende Treppenhaus zurück zu meinem Arbeitsplatz.

Bevor ich mich für meinen 5-Uhr-Rundgang bereit machte, besuchte ich die Küche. Dort waren bereits zahlreiche Frühstücksportionen für die Crews der Airlines, die häufig bei uns nächtigten, vorbereitet worden. Ich räumte zwei Teller vollkommen leer. Schinken, Käse, Brot, Butter, Konfitüre, alles, was da war. Ich packte die Lebensmittel in eine Plastiktüte und steckte noch ein paar Servietten und zwei Flaschen Wasser dazu. Niemand würde diese beiden Portionen vermissen. Die meisten Piloten und Flugbegleiterinnen beehrten unseren Frühstücksraum so gut wie nie mit ihrer Anwesenheit. Ich schätze, dass ungefähr siebzig Prozent der standardmäßig für sie vorbereiteten Frühstücksportionen unangetastet blieben.

Als ich bei meinem Rundgang wieder in den Raum mit den Liegen kam, war Oskar bereits wach. Er hatte seinen Schlafsack zusammengerollt, und die beiden Tüten standen sauber nebeneinander aufgereiht. Er war abreisebereit. Nur dass er keinen Campingurlaub antrat, sondern für die nächsten Stunden ziellos durch die Stadt streifen und sich gegen Abend einen neuen Schlafplatz suchen würde.

»Hier, das ist für Sie«, sagte ich und hielt ihm die Tüte mit dem Essen und dem Wasser hin. »Und das auch.« Ich zog einen Zwanzig-Euro-Schein aus meiner Tasche und gab ihn Oskar. Er nahm beides und bedankte sich tausend Mal.

»Sie müssen mir aber versprechen, dass Sie sich niemals wieder in unser Haus schleichen, Oskar. Geht das klar?«, sagte ich.

»Geht klar«, antwortete er.

»Wo werden Sie jetzt hingehen?«

»Das Parkhaus vom Supermarkt zwei Blocks weiter. Dort gibt es ein paar warme Stellen. Vielleicht ist schon eine frei.«

»Okay, dann gehen wir.«

Ich öffnete die Tür zum Treppenhaus und bat ihn, mir zu folgen. Wir gingen hinauf, und ich brachte ihn zu einem der Seiteneingänge.

»Oskar, ich hätte noch eine Frage, bevor Sie gehen«, sagte ich.

Er drehte sich zu mir um.

»Wieso haben Sie mich eigentlich angesprochen, als ich durch den Raum mit den Liegestühlen gegangen bin? Wenn Sie nichts gesagt hätten, hätte ich Sie niemals bemerkt.«

»Vielleicht«, sagte er. »Aber wenn doch, dann hätten Sie einen ordentlichen Schrecken bekommen. Und das wollte ich nicht.«

Dann ging er in den kalten Morgen hinaus.

»Alles Gute!«, rief ich ihm nach.

Oskar hielt sich an sein Versprechen. Ich habe ihn niemals wiedergesehen.

Dienstag, der 8.

»Hey, Chris!«, sagte Susanne eines Nachts zu mir. »Hast du Lust, deinen Tag-Nacht-Rhythmus wieder einmal umzustellen?«

»Nein, eigentlich nicht«, gab ich zurück. »Ich habe lange genug gebraucht, um mit diesem hier halbwegs zurechtzukommen. Meine Melatoninproduktion fährt immer noch manchmal Achterbahn.«

»Okay, dann lass es mich anders formulieren: Hey, Chris, du wirst deinen Tag-Nacht-Rhythmus wieder einmal umstellen müssen.«

»Was? Warum?«

»Der Direktor hat ein neues Programm zur Job-Rotation ins Leben gerufen. Alle Mitarbeiter sollen eine gewisse Zeit lang Erfahrungen in anderen Bereichen des Hotels machen.«

Grundsätzlich hielt ich Job-Rotations ja für eine gute Sache. Einmal die Routine hinter sich lassen, rauskommen aus der eigenen Blase, andere Bereiche des Unternehmens und die Menschen darin kennenlernen, sie besser verstehen und dadurch künftig effektiver zusammenarbeiten können. Tolle Idee. Aber ich hatte in meiner Ausbildungszeit schon in so ziemlich jeden Bereich des Hotels hineingeschnuppert. Nicht sehr detailliert, aber genug, um zu verstehen, wie dort gearbeitet wurde. Meiner Einschätzung nach reichte das völlig aus, und ich hatte wirklich nicht die geringste Lust, meine innere Uhr wieder um zwölf Stunden zu verstellen.

»Muss das wirklich sein? Ich habe doch schon …«, sagte ich.

»Du fängst im Bankettbereich an«, unterbrach mich meine Chefin.

»Im Bankettbereich? Oh! Ja, also, wenn der Big Boss das so will, dann werde ich mich nicht querlegen. Wann geht's los?«

Susanne lachte. Sie wusste, wieso mein Widerstand schlagartig auf null gesunken war. Der Grund dafür war eine Frau namens Anastasia. Sie war die Bankettmanagerin und hatte es mir schon seit Längerem angetan. Die Aussicht darauf, sie nicht nur manchmal zwischen Tür und Angel zu sehen und zu grüßen, sondern direkt mit ihr zusammenzuarbeiten, war mir alles andere als unangenehm.

»Du beginnst nächste Woche Montag«, sagte meine Chefin. »Hier ist dein Dienstplan.« Ich nahm ihn fröhlich grinsend entgegen.

Bankettmanagerin Anastasia war unglaublich süß. Ich war ja nun wirklich kein Teenager mehr, aber in ihrer Gegenwart fühlte und verhielt ich mich wieder wie einer. Wenn sie mit mir sprach, musste ich immer darauf achten, nicht rot anzulaufen, ihr einen Radiergummi in die Haare zu werfen oder zu fragen: »Willst du nach der Schule mit mir ins Kino gehen? Der Film ist ab 16, aber ich kann uns da reinbringen. Ich hab schon einen Bart.« Daher ließ ich sie die meiste Zeit reden und beschränkte mich selbst darauf, sie verträumt anzusehen. So auch bei ihrer Begrüßungsansprache am ersten Tag meines Job-Rotation-Monats im Bankett. Ich nickte stets zustimmend und nahm mir fest vor, sie in meiner Zeit in ihrer Abteilung schwer zu beeindrucken. Ich war topmotiviert.

Gleich am ersten Tag vertraute man mir den Schlüssel für den Schrank mit den (in unserem Haus wirklich sehr edlen und köstlichen) Petits Fours an, die gerne bei noblen Dinner-Veranstaltungen als Abschluss zum Kaffee gereicht wurden. Die Überreichung glich einer Zeremonie, als würde ich gleich den Heiligen Gral in Händen halten. Man sagte mir, ich müsse den Schlüssel hüten wie meinen Augapfel und ich dürfe ihn nie, nie, niemals aus der Hand geben. Wenn einer unserer Gäste dieses süße Feingebäck bestellte, dann hatte ich es persönlich holen zu gehen. »Gib mir mal den Schlüssel, ich hol die schnell für dich«, war nicht drin. Und ganz besonders galt diese Regel für die weibliche Belegschaft. Auf meine Frage, warum man um diesen Schlüssel so viel Wind machte, erfuhr ich, dass es früher regelmäßig enormen Schwund im Petits-Fours-Schrank gegeben hatte. Besonders die Champagnertrüffel, unsere edelste und teuerste Sorte, waren massenhaft auf rätselhafte Weise verschwunden. An manchen Tagen war mehr weggenascht als verkauft worden. Irgendjemand hatte dann bemerkt, dass das immer dann der Fall gewesen war, wenn Frauen Zugang zu dem Schrank gehabt hatten. Daraufhin hatte man die Schlüssel nur mehr Männern gegeben. Und tatsächlich, der Schwund war von diesem Zeitpunkt an stark zurückgegangen. Auf meine Frage, ob dieses Vorgehen nicht so ein ganz klein wenig sexistisch sei, bekam ich nur zu hören: »Ja, vielleicht, aber besser sexistisch sein als Verluste schreiben.«

Wie ich feststellte, war der Zugang zu den Petits Fours tatsächlich äußerst begehrt. Es war geradezu unglaublich, wie hilfsbereit meine Kolleginnen waren, sobald ich mit dem Schlüssel im Dienst war. Ich hätte kein einziges Mal selbst zu dem Schrank gehen müssen. Man versuchte sogar, mich zu bestechen. Natürlich mit Süßem. Aber ich blieb hart wie ein Hartmann. Na gut, vielleicht ist es mir das eine oder andere Mal passiert, dass ich den Schrank unverschlossen ließ, wenn ich Nachschub beim Einkauf holte. Und vielleicht war das immer ausgerechnet dann der Fall, wenn besonders nette Kolleginnen anwesend waren. Aber, hey, Fehler passieren nun mal.

Mein erster größerer Job in meinem neuen Bereich war gleichzeitig auch mein liebster. Wir bereiteten einen Leichenschmaus für 100 Personen vor. Bitte verstehen Sie mich nicht falsch, es war nicht die Tatsache, dass jemand das Zeitliche gesegnet hatte, die mir gefiel. Es war das luxuriöse Essen, das zu Ehren des Verstorbenen veranstaltet wurde und an dem ich mitwirken durfte. Der Mann musste unglaublich wohlhabend gewesen sein. Und zumindest einer seiner Erben war offenbar bereit gewesen, einen Teil dieses Vermögens in erlesene Speisen zu investieren, bevor er sich für den Rest des Geldes den neuesten Lambo und eine Hütte auf Bora Bora kaufte. Es wurde nur das Beste vom Besten bestellt, und davon reichlich. Schon alleine beim Lesen der Speisekarte lief mir das Wasser im Mund zusammen. Zumindest bei den Gerichten, die ich kannte. Teilweise überstiegen sie einfach meine Kenntnisse der Haute Cuisine.

Sowohl der Chefkoch als auch der Souschef waren an diesem Tag krankheitsbedingt ausgefallen. Ersatz war so kurzfristig keiner mehr zu finden gewesen. Daher musste man wohl oder übel einem der ganz normalen Köche die Verantwortung für die Zubereitung des Festmahls übertragen. Wie sich herausstellte, waren die Zweifel, ob er dieser Sache gewachsen sein würde, unbegründet. Denn der Koch, er hieß Ben, erkannte seine einmalige Chance, sich zu beweisen, und legte sich ins Zeug, als würde er für die Queen, Barack Obama, den Papst und Paul Bocuse gleichzeitig kochen. Um sicherzustellen, dass die Speisen den hohen Ansprüchen unserer Gäste gerecht werden würden, kamen alle Personen, die in unserem Hotel den Ruf eines Gourmets genossen, zum Kosten in die Küche. Plus noch ein paar, die sich einfach nur das Geld für das Mittagessen sparen wollten. Sie waren alle einhellig der Meinung, dass das Gekochte wohl zum Besten gehörte, das sie sich jemals auf der Zunge hatten zergehen lassen.

Umso trauriger war es, dass von den angekündigten 100 Personen gerade einmal 10 erschienen. Und selbst die waren nach einer halben Stunde wieder weg und hatten kaum etwas angerührt. Da standen wir also mit unzähligen Portionen edelster Gerichte und wussten nicht, wohin damit. Dann kam Anastasia zu mir und sagte: »Ich denke, Chris, wir werden diese Türen jetzt einmal für einige Zeit von innen verschließen.«

Ach, wieso mussten es die Türen des Bankettsaals sein und nicht die ihres Schlafzimmers? Na, immerhin kam ich in den Genuss, mit der Bankettmanagerin persönlich zu speisen. Ich hatte mich sogar so weit unter Kontrolle, dass ich ihr kein Essen in den Ausschnitt warf. Als wir fertig waren (mit dem Essen, alles andere hatte nur in meinen Gedanken stattgefunden), versorgten wir die gesamte Belegschaft mit dem Rest vom Fest. Ja, so war das Leben. Der eine biss ins Gras, und andere bissen in Hirschkalbsmedaillons mit Steinpilzkruste in Rotweinsauce. Ben wurde übrigens einige Monate später der nächste Souschef.

Mein nächster Solo-Einsatz war als Barkeeper. Ausgerechnet ich. Ich war zwar ein absoluter Profi auf der Gästeseite der Bar, aber dahinter kannte ich mich so gut wie gar nicht aus. Es hatte auch niemand der Mühe wert gefunden, mir irgendetwas zu erklären. Also machte ich mich eine halbe Stunde vor Eintreffen der Gäste selbst mit der Bar und ihren Geräten vertraut.

Zuerst übte ich das Zapfen von Bier. Nachdem ich ungefähr ein halbes Fass in Gläser gefüllt, jedoch bei keinem einzigen einen Schaumanteil von unter siebzig Prozent zustande gebracht hatte, gab ich auf. Als Nächstes sah ich mir die Cocktailrezepte an. Heiliger Jack Daniel, wer sollte sich denn das alles merken? Die Anzahl der Cocktails in unserem Programm war sogar noch größer als die der Ehen von Elizabeth Taylor.

Ich sah auf die Uhr. Nur mehr fünf Minuten, bis der Saal geöffnet wurde. Ich räumte alle Getränkekarten von der Bar, wischte die Kreidetafel hinter mir blitzblank und beschriftete sie neu. Ab sofort gab es Shots, Longdrinks und Flaschenbier. Basta. Damit fühlte ich mich wohler. Schließlich wollte ich niemanden mit meinen Mixturen vergiften oder mit 0,1 Liter Bier im 0,5-Liter-Glas verarschen. Der Einzige, der das mitbekam, war der DJ, der gerade am anderen Ende des Raumes sein Equipment verkabelte und ein letztes Mal Nebelmaschine und Stroboskop testete. Es schien ihn nicht sonderlich zu interessieren. Und dann kam auch schon die Hochzeitsgesellschaft, die den Raum für den heutigen Abend gebucht hatte. Sie trugen alle Weiß. Vom Kragen bis zur Sohle. Das hätte mir ruhig jemand sagen können. Ich sah in meinem Nadelstreif aus wie das blaue Schaf der Herde.

Ein wenig über eine Stunde lang wurde gegessen, und alles, was ich zu tun hatte, war, Bierflaschen auszugeben. Dann verließen alle Gäste wie auf ein stilles Kommando den Raum.

»Was ist denn jetzt los?«, rief ich zum DJ hinüber.

»Keine Ahnung!«, rief er zurück. »Ist mir aber egal. Ich bin eh schon bezahlt worden. Und wenn die nicht mehr wiederkommen, muss ich wenigstens nicht Helene Fischer spielen, bis mir die Ohren bluten. Was ungefähr nach zehn Sekunden der Fall ist.«

Ja, so konnte man es natürlich auch sehen. Aber sie kamen wieder. Sie hatten sich nur der steifen Klamotten entledigt und waren in ihr Partygewand geschlüpft. Und sie verlangten nicht nach Helene Fischer. Wie sich herausstellte, fuhr die Braut auf 90er-Jahre-Musik ab, und der DJ spielte gleich als erste Nummer »Smells Like Teen Spirit« von Nirvana in Konzertlautstärke. Wer den Boxen zu nahe kam, hatte danach eine neue Frisur. Mein Grinsen zog sich von einem Ohr zum anderen, und ich warf mein Sakko auf eine Getränkekiste. Ja, dieser Abend hatte durchaus Potenzial. Sogar wenn man arbeiten musste.

Die Party war von der ersten Minute an gut, und sie wurde laufend besser. Die Stimmung im Raum war großartig, die Gäste tanzten und lachten und tranken. Kein einziger beschwerte sich über meine doch relativ bescheidene Getränkeauswahl. Der DJ schien mit jeder Nummer die Anlage noch ein wenig lauter zu drehen. Ich war froh, dabei zu sein. Kurz vor 23 Uhr standen schließlich zwei Hotelgäste neben mir, die nicht Teil der Hochzeitsgesellschaft waren. Einer von ihnen sprach mich an, doch ich sah nur, wie sich seine Lippen bewegten. Ich hielt mein Ohr näher an seinen Mund. Gerade so weit, dass ich ihn besser verstehen konnte, aber mit genügend Abstand, dass er es nicht als Aufforderung verstehen konnte, an meinem Ohrläppchen zu knabbern.

»Können ... Musik ... leiser«, verstand ich schließlich. Ich hatte mich schon gefragt, wann die erste Beschwerde kommen würde. Nun war es also so weit. Ich gestikulierte hinüber zum DJ, der mich erst sah, oder sehen wollte, als er »What's My Age Again?« von Blink-182 fertig durch die Boxen geprügelt hatte. Ich bedeutete ihm, den Lautstärkeregler etwas zurückzudrehen, was er mit verächtlichem Blick auch tat. Es dauerte keine fünf Sekunden, bis die Braut zum DJ-Pult stürmte und fragend beide Arme hob. Ich hörte sie zwar nicht, aber sie konnte wohl nur »Hey, wieso drehst du leiser?« fragen. Der DJ deutete natürlich in meine Richtung, und die Braut war schneller bei mir als ein Vampir hinter seinem Opfer.

»Was ist los?«, fragte sie. »Wieso wird die Musik leiser gedreht?«

Obwohl sie gerne weiter laut Musik gehört hätte, war sie immer noch freundlich und bestens gelaunt. Ich war mir sicher, dass sie nicht nur Alkohol intus hatte.

»Die beiden Herren hier haben ihre Zimmer direkt über diesem Raum und fühlen sich gestört. Sie können nicht schlafen«, sagte ich.

»Schlafen?« Sie wandte sich den beiden Gästen zu. »Aber wer wird denn jetzt schon schlafen gehen?«, fragte sie fröhlich lachend. »Ich habe heute geheiratet. Jetzt wird gefeiert!« Sie streckte die Arme aus, griff nach den Köpfen der beiden und drückte ihre Gesichter an ihren Busen. »Feiert doch mit! Ihr seid herzlich eingeladen.«

Die beiden sahen sich perplex an und wussten zunächst nicht, wie sie reagieren sollten. Aber die doch sehr persönliche Einladung schien sie überzeugt zu haben. Sie nahmen an und bestellten gleich einmal zwei doppelte Gin-Tonic auf Rechnung der Braut. Oder wahrscheinlich eher auf die des Vaters der Braut. Ich gab dem DJ ein Zeichen, dass er wieder Stoff geben konnte, und die Party ging weiter.

Um circa 1 Uhr früh lieferten sich der Bräutigam und sein Schwager eine Schlägerei mitten auf der Tanzfläche. Ich hatte nicht mitbekommen, worum es ging. Aber nachdem keiner der Anwesenden ein Problem damit zu haben schien, dass sich die beiden gegenseitig um ein paar Zähne erleichterten, mischte ich mich nicht ein. Abgesehen davon war ich zurzeit nicht der Night Audit, der für alles und jeden zuständig war, sondern ein simpler Barkeeper, dessen einziger Job es war, die Gäste auf Spiegel zu halten. Gegen halb drei lichteten sich die Reihen dann langsam. Immer mehr Gäste taumelten hinauf in ihre Zimmer. Auch die zwei Streithähne sammelten ihre Zähne vom Boden auf und ließen es gut sein. Übrig blieb bald nur mehr eine Gruppe von zehn Personen. Mit dabei waren ausgerechnet auch die beiden, die sich wegen der Lautstärke beschwert hatten. Sie hatten sich inzwischen mit einigen der anderen Gäste angefreundet und feierten kräftig mit. Um 23 Uhr schlafen gehen, genau.

Angemietet war der Raum bis 2 Uhr, ich hätte die Bar also schon längst schließen können, wollte die Feier aber nicht abrupt beenden. Andererseits musste ich bald einmal in die Federn.

Kurz vor 3 Uhr in der Früh – eine lächerliche Zeit für einen Night Audit. Aber als Tagdienstler auf Zeit fielen mir nun langsam die Augen zu.

Diese zehn Leute, dieser harte Kern, den es auf fast jeder Veranstaltung gab, würde die Party jedoch nicht eher verlassen, bis man sie bewusstlos in ein Taxi trug. Das wusste ich. Ich war selbst manchmal einer von ihnen. Also hatte ich nur eine Wahl, wenn ich bald Schluss machen wollte: Ich musste nachhelfen.

Nachdem ich mit dem DJ vereinbart hatte, schrittweise leiser zu drehen und immer ruhigere Musik aufzulegen, begann ich, bei jeder Schnapsbestellung die dreifache Menge auszuschenken (und natürlich auch zu verrechnen). Die Gäste fanden das großartig und leerten die Gläser genauso schnell wie zuvor. Diesen Trick hatte mir einmal der Besitzer meines Stammlokals verraten, und er funktionierte beinahe immer. Kurz vor der Sperrstunde noch einmal ordentlich Umsatz machen und dann in kürzester Zeit die Bude leer haben. Perfekt. Auch in meinem Fall schien der Plan aufzugehen. Es dauerte keine halbe Stunde, und die restlichen zehn Personen konnten sich nur mehr aufrecht halten, indem sie sich gegenseitig stützten. Nur leider kam immer noch niemand von ihnen auf die Idee, sich in ein Taxi zu setzen oder in ihre Zimmer zu gehen. Stattdessen suchten die meisten irgendwelche Gefäße, in die sie kotzen konnten, und tranken dann weiter. Es half nichts, Plan F musste her. Ich gab dem DJ ein Zeichen, und er spielte Helene Fischer. Zwei Minuten später war der Raum leer.

Drei Wochen meines Schnuppermonats im Bankettbereich waren bereits vorbei, und bisher war alles recht gut gelaufen. So richtig schwer beeindrucken hatte ich Anastasia zwar noch nicht können, aber ich hatte auch noch keine größeren Fehler gemacht. Das änderte sich schlagartig an einem Dienstag, den 8. Dieses

Datum ist für mich seitdem noch negativer besetzt als ein Freitag, der 13. Es war, als wäre ich auf dem Weg in die Arbeit unter einer Leiter, auf der ein zerbrochener Spiegel hing, hindurchgegangen, während 666 schwarze Katzen von links meinen Weg kreuzten.

Wir richteten an diesem Tag wieder einmal eine Hochzeit aus. Dieses Mal für eine adelige Gesellschaft. Bereits in den Tagen zuvor hatte ich jede Minute, in der ich nicht anderweitig gebraucht worden war, damit verbracht, Besteck, Teller und Gläser auf Hochglanz zu polieren. Das ganze Geschirr kam natürlich sauber aus der Spülmaschine, aber wenn man wollte, dass alles makellos aussah, und nicht weniger war unser Anspruch, dann musste man danach noch selbst Hand anlegen. Für jeden der 200 Gäste wurde je ein Platzteller, ein Menüteller, ein Suppenteller und ein Brotteller benötigt. Weiters Menügabel und -messer, Vorspeisengabel und -messer, Suppenlöffel, Dessertgabel und -löffel sowie ein Buttermesser. Dazu kamen noch Rotweinglas, Weißweinglas und Wasserglas. Habe ich etwas vergessen? Selbst wenn, Sie können sich ungefähr vorstellen, wie viele Stunden ich mit dem Poliertuch in der Hand verbracht hatte. Jedenfalls länger, als ich in meinem ganzen bisherigen Leben in meiner eigenen Wohnung mit Putzen verbracht hatte.

Am Tag des großen Ereignisses lud ich das ganze Geschirr auf Servierwagen, um es dann in den Bankettbereich zu verfrachten. Bei meiner dritten Fahrt transportierte ich die 200 Menüteller. Ich weiß nicht, wie es genau passierte. Vielleicht stieß ich mit dem Wagen gegen eine Ecke, oder seine Räder blieben in einer Fuge im Boden hängen. Egal, die vier Tellertürme begannen gefährlich zu schwanken und kippten schließlich zur Seite. Keine Chance mehr, sie aufzufangen. Alle 200 frisch polierten Menüteller krachten auf den Boden. Man musste das Geräusch im gesamten Hotel gehört haben. Vermutlich schlugen auch die Seismografen in Christchurch, Neuseeland, aus. Aus allen Ecken und durch alle Türen strömten die Menschen zusammen, um nachzusehen, was passiert war. Und was sie vorfanden, war ein tollpatschiger Night Audit auf Job-Rotation, der mit über dem Kopf zusammengeschlagenen Händen vor dem vermutlich größten Scherbenhaufen der Hotelgeschichte stand. Mehr als fünf Teller waren bestimmt nicht heil geblieben. Natürlich sah mich auch Anastasia. Ich wäre am liebsten im Boden versunken oder weggelaufen und nie mehr wiedergekommen. Aber sie nahm es locker. »Was meinst du?«, fragte sie nur sanft lächelnd. »Wie viele Jahrhunderte Glück sind das wohl?«

Trotz meines Fauxpas wurde ich weiter damit betraut, die Tische für die Gäste zu decken. Ich platzierte auf jedem der 200 Sitzplätze Besteck, Teller und Gläser. Alle an ihrer vorgesehenen Position, in der korrekten Reihenfolge, im richtigen Winkel und Abstand. Dazu kamen noch die kunstvoll gefalteten Servietten und die vorbereitete Tischdeko. Als ich fertig war und mein Werk betrachtete, fand ich, dass es hervorragend aussah. Ich war zufrieden. Bis einer der Kellner, die wir für die Veranstaltung zusätzlich angemietet hatten, zu mir kam und fragte: »Was soll denn das sein?«

»Na, gedeckte Tische. Und ziemlich schöne noch dazu, wie ich finde«, antwortete ich.

»Ich meine das da«, sagte er und deutete auf einen der Brotteller.

»Äh, ein Brotteller?«

»Sieht für mich eher nach einem Dessertteller aus.«

Ich sah genauer hin. Tatsächlich, ich hatte auf diesem Platz einen Dessertteller statt einem Brotteller hingestellt. Na ja, das konnte passieren. Dann schoss es mir durchs Gehirn: *Was, wenn es nicht nur dieser eine Platz ist?* Ich begann zu schwitzen. Und natürlich war es, wie befürchtet. Ich hatte alle 200 Plätze mit den falschen Tellern bestückt und musste sie nun alle austauschen. Und jetzt raten Sie mal, wer das außer dem Aushilfskellner noch mitbekam. Genau, Anastasia.

Ungefähr eine Stunde vor Beginn der Veranstaltung wurde die Torte von einer externen Konditorei geliefert. Jemand aus der Hochzeitsgesellschaft hatte sie in Auftrag gegeben. Es war eines dieser mehrstöckigen Monstren, die man sonst nur in Filmen sah. Sie war so groß, dass selbst 500 Menschen sie niemals würden essen können. Es hätte mich nicht gewundert, wenn später nicht bloß eine Stripperin, sondern gleich ein ganzer Stripclub samt Poledancestangen und Türstehern aus ihr herausspringen würde. Obwohl Stripperinnen bei Hochzeiten eher selten waren. Die Bräute hatten da aus unerfindlichen Gründen meistens etwas dagegen.

Der Mann, der die Torte lieferte, bat mich um eine Unterschrift und fuhr wieder weg. Bis mir auffiel, dass es nett gewesen wäre, mir beim Transport in den Bankettsaal zu helfen, war er schon über alle Berge. Also rollte ich den süßen Stripschuppen auf Rädern alleine vom Lieferanteneingang hinüber in den Saal. Die Torte war jedoch so hoch, dass sie alle paar Schritte zu schwanken begann und ich laufend Pausen machen musste. Man konnte sie auch nirgendwo angreifen, um sie zu stabilisieren. Man hätte dabei die Dekoration und den Fondantüberzug zerstört. Also hätte mir auch ein Helfer nichts gebracht. Und schließlich kam es, wie es kommen musste. Während ich über eine kleine Rampe fuhr, kam das Monstrum so stark in Schräglage, dass es zu kippen begann – genau auf mich zu. Ich hatte keine Wahl. Ich umarmte die Torte fest, wie einen lieben Freund, den ich seit Jahren nicht mehr gesehen hatte, lehnte mich mit meinem gesamten Gewicht dagegen und richtete sie wieder auf.

Zwar hatte ich das ganz große Unglück gerade noch verhindern können, doch die Torte sah ziemlich ramponiert aus. Man sah tiefe Hand- und Armabdrücke an den Stellen, an denen ich sie umarmt hatte. Auf einer der mittleren Ebenen fehlte eine Marzipanfigur. Die klebte nun an meinem Hemdkragen. Und in der Mitte, wo ich mich mit meiner Brust dagegengelehnt hatte, sah man die Abdrücke der Knöpfe meines Sakkos. *Bitte nicht!*, dachte ich mir. *Bitte nicht auch noch die Torte.* So konnte man sie unmöglich den Hochzeitsgästen präsentieren.

Ich ging hinüber in die Küche, wo gerade die letzten Vorbereitungen auf Hochtouren liefen. Natürlich war auch Anastasia anwesend. *Ach, was soll's, das kannst du ohnehin nicht verheimlichen*, dachte ich mir und sagte schließlich zu ihr: »Äh, Anastasia? Es gab da ein kleines Problem mit dem Stripschuppen.«

»Welcher Stripschuppen?«, fragte sie verständnislos.

Ich Idiot.

»Hochzeitstorte, ich meinte Hochzeitstorte.«

Ich sah mich schon vor die versammelte Hochzeitsgesellschaft treten und ihr irgendeine Ausrede auftischen, warum es keine Torte gab. Ein Unfall des Lieferwagens, versehentliches Auslösen der Sprinkleranlage im Kühlraum oder ein Überfall räuberischer Riesenameisen aus dem Amazonas. Die Braut würde weinen, der Vater der Braut würde mich verklagen, und der Bräutigam würde mich verprügeln, weil er keine Stripperinnen bekam. Was ich nicht wusste, war, dass unser Patissier ein wahrer Meister seines Faches war. Er sah sich die Torte an und sagte schließlich komplett entspannt: »Krieg ich hin.« Und er bekam es wirklich hin. Die seichten Abdrücke besserte er mit frischem Fondant aus, die tieferen überdeckte er mit verschiedenen Dekoelementen aus Zuckerguss. Die zig Sahnehäubchen, die von der Torte auf mein Gewand übergesiedelt waren, ersetzte er durch neue. Und die Figur von meinem Hemdkragen steckte er sich einfach in den Mund. »Fällt nicht auf, wenn die fehlt«, sagte er.

Während der Veranstaltung selbst hielt ich mich, so gut es

ging, im Hintergrund. Ich versuchte, so wenig wie möglich zu berühren, um nicht noch eine Katastrophe zu verursachen. Bis auf eine Messerspitze, die ich mir unter den Fingernagel stach, verlief die Hochzeitsfeier ohne weitere Zwischenfälle. Als der Tag endlich vorüber war, trug ich mir das Datum im Kalender ein und nahm mir fest vor, künftig an jedem Dienstag, den 8., zu Hause zu bleiben.

Als mein Monat im Tagdienst zu Ende war und ich ihn Revue passieren ließ, musste ich mir eingestehen, dass es mir wohl nicht gelungen war, Anastasia übermäßig zu beeindrucken. Außer, sie stand auf Tollpatsche. Vermutlich war es eher so, dass sie und der Rest der Truppe froh waren, mich wieder los zu sein. Das sprach natürlich niemand laut aus, aber als wir uns verabschiedeten, hielt sich die Trauer über meinen Abgang doch sehr in Grenzen. Ich konnte es ihnen nicht einmal verübeln. Doch auch ich war froh, wieder in meinen alten Job zurückkehren zu können. Tagsüber war mir das Hotel einfach zu laut, alles war so hektisch, und überall wuselten Menschen herum. Ich war ein Einzelkämpfer und ein echtes Kind der Nacht geworden. Und während der Stunden von 23 Uhr abends bis 7 Uhr morgens, da war ich King.

Betrug!

Der Mann war seit drei Tagen zu Gast bei uns. Er war aus den USA, reiste alleine und kam meist sehr spät nach Hause. So auch heute. Er betrat die Lobby und ging in Richtung der Aufzüge. Auf halbem Weg zögerte er. Er drehte sich um und sah in Richtung Rezeption. Dann wandte er sich wieder den Aufzügen zu und machte ein paar Schritte auf sie zu. Er blieb abermals stehen und schien zu überlegen. Ich kannte diese Bewegungen, ich hatte sie bereits oft genug gesehen. Sie bedeuteten mit ziemlicher Sicherheit, dass die Person etwas auf dem Herzen hatte und unschlüssig war, ob sie sich mit ihrem Anliegen an den Portier wenden sollte. Und so war es auch in diesem Fall. Der Mann machte nun endgültig kehrt und steuerte auf mich zu. Er lehnte sich an den Tresen und wartete, bis ich zu ihm kam.

»Guten Abend!«, sagte er.

»Guten Abend!«, antwortete ich.

»Und, viel zu tun heute?«

»Geht so. Gerade richtig, würde ich sagen. Nicht zu viel und nicht zu wenig.«

»Es muss anstrengend sein, die ganze Nacht zu arbeiten.«

»Man gewöhnt sich daran.«

Jetzt komm schon zur Sache. Ich weiß, dass du etwas willst, und ich habe keine Lust auf Small Talk.

»Aber Sie würden doch wohl lieber abends ausgehen, als hier Dienst zu schieben, nehme ich an. Ein Mann in Ihrem Alter hat doch sicher Besseres zu tun. Ein paar Drinks, gute Musik, nette Begleitung«, sagte er.

Was sollte denn das werden? Wollte er mich zu einem Date ausführen?

»Ach, das ist schon in Ordnung. Ich habe zwei Tage die Woche frei, wie alle anderen auch. Und an denen kann ich dann ausgehen. Der geänderte Schlafrhythmus durch die Nachtdienste kann dabei sogar recht nützlich sein, wenn es mal später wird«, erklärte ich.

»Das kann ich mir denken. Und gehen Sie viel aus?«

»Doch ziemlich regelmäßig, würde ich sagen. Wieso fragen Sie?«

»Helfen Sie mir mal bitte. Wenn Sie abends mal so richtig einen draufmachen, wie viel geben Sie da so ungefähr aus, wenn ich fragen darf?«

»Pfff, lassen Sie mich mal nachdenken. Also, ich gehe meistens in ganz normale Kneipen, und von so richtig einen draufmachen kann in den meisten Fällen nicht die Rede sein. Da zahle ich eigentlich selten mehr als fünfzig Euro pro Abend.«

Der Mann warf seine Stirn in Falten und verzog den Mund. Meine Antwort schien ihn nicht zufriedenzustellen.

»Und wenn Sie mal in einen Club gehen oder eine Diskothek, oder etwas in der Art?«

»Das mache ich selten, aber wenn, dann kostet mich das so zwischen 100 und 150 Euro. Mit Eintritt, Longdrinks und so. Maximal. Da bin ich schon spendabel.«

»Was, so wenig?!« Seine Stimme überschlug sich beinahe. Dann knallte er seine Faust auf mein Pult. Ich zuckte zusammen. Er sagte verärgert und ziemlich laut: »Ich wusste es! Ich wusste, dass sie mich beschissen haben.«

»Ganz ruhig, bitte«, sagte ich und versuchte, meinen Herzschlag wieder unter 120 zu bringen. »Wer hat Sie denn Ihrer Meinung nach betrogen?«

Jetzt kam der Mann so richtig in Fahrt. Er war ganz offensichtlich endlich auf das Thema gekommen, das ihn ursprünglich zu mir geführt hatte.

»Na, der Laden, in dem ich war. Die haben mir über 1300 Euro abgenommen.«

»1300 Euro? Also das klingt wirklich nach sehr viel.«

»Ja, oder? Das habe ich dort auch gesagt, dass da etwas nicht stimmen kann. Darum habe ich auch den Manager holen lassen und mich über das Personal beschwert.«

»Und was hat er gesagt?«

»Er hat sich die Rechnung angesehen und gesagt, dass das schon stimmen würde. Ich solle bitte aufhören, so einen Aufstand zu machen, und endlich zahlen.«

»Und was haben Sie gemacht?«

»Ich habe die Polizei gerufen.«

»Die Polizei?«

»Ja klar. Ich wollte den Laden anzeigen. So etwas lasse ich mir doch nicht gefallen. Haben Sie von der Geschichte in Venedig gehört?«

»Dem Hochwasser?«

»Nein, von den Asiaten, denen in einem ganz normalen Restaurant über 1000 Euro für vier Fischplatten verrechnet wurde?«

»Ach die, ja, davon habe ich gelesen.«

»Die hat man auch über den Tisch gezogen, aber die haben sich gewehrt, und der Restaurantbesitzer wurde angezeigt. Mit mir hat man etwas Ähnliches gemacht, und ich lasse mich ganz sicher auch nicht abzocken. Mir geht's hier auch gar nicht ums Geld, das spielt keine Rolle. Mir geht's ums Prinzip, verstehen Sie?«

»Das verstehe ich natürlich. Und hat die Polizei die Anzeige aufgenommen?«

Er machte eine wegwerfende Handbewegung und blies verächtlich Luft durch die Lippen. »Die halten zu dem Betreiber.

Touristen sind offenbar Freiwild in dieser Stadt. Die darf man ausnehmen, wie man will. Die Beamten haben nur gelacht und sind wieder gegangen.«

»Das ist aber nicht in Ordnung.«

»Natürlich ist das nicht in Ordnung. Könnten Sie bitte die Polizei rufen? Sie haben als Einheimischer und Vertreter eines namhaften Hotels sicher mehr Einfluss.«

»Das kann ich gerne tun. Aber Sie müssen mir zuvor noch ein paar Informationen geben, bitte. Wie hieß denn der Laden, in dem Sie da waren?«

»Ich weiß nicht mehr, wie er geheißen hat. Aber ich habe noch die Rechnung.«

Er kramte in seiner Jacke, zog schließlich die Rechnung hervor und schob sie mir über den Tresen. Ich las mir das Stück Papier von oben bis unten durch. Die konsumierten Posten waren nur teilweise namentlich aufgeführt. Aber der Name des Etablissements reichte mir schon als Erklärung. Ich sah den Mann an und überlegte, wie ich es formulieren sollte. Schließlich entschied ich mich für: »Sir, ich würde in diesem Fall von einer weiteren Anzeige bei der Polizei absehen.«

»Wieso? Das ist doch Wucher!«, beschwerte er sich laut.

Ich beugte mich näher zu ihm, um leiser sprechen zu können: »Sie waren da in einer Erotik-Bar. Und auch noch in einer der besten und teuersten der Stadt.«

»Ich weiß, dass ich in einer Erotik-Bar war. Und?«, sagte er so laut, dass man es in der ganzen Lobby hören konnte. Es machte ihm offensichtlich nichts aus.

Also sprach auch ich wieder mit normaler Lautstärke: »Solche Läden haben nun einmal ein gehobenes Preisniveau. Sie waren ja nicht bei McDonald's.«

»Das mag ja sein, aber 300 Euro für eine einzige Flasche Rotwein?«

»Ja, wieso nicht? Das geht noch viel teurer.«

»Ernsthaft?«

»Ernsthaft.«

»Aber die Cola dazu war wieder fast geschenkt.«

»Sie haben einen 300-Euro-Rotwein mit Cola getrunken?«

»Na, wie denn sonst?«

»Probieren Sie ihn mal pur. Dann lohnen sich die 300 Scheine eher.«

»Und der Champagner? 400 Euro für ein bisschen Sprudel?«

»Na ja, also als Sprudel würde ich Champagner nicht unbedingt bezeichnen. In Europa versteht man darunter etwas anderes als in den USA. Hier bei uns kommt Champagner ausschließlich aus einem bestimmten Weinbaugebiet in Frankreich und ist schon im Supermarkt teuer. Bei Ihnen zu Hause darf jeder Fusel mit Kohlensäure ›Champagne‹ genannt werden.«

»Diese verdammten Franzosen. Die konnte ich noch nie leiden und jetzt noch viel weniger.«

Der Mann schüttelte verständnislos den Kopf und schnaufte.

»Und die paar Lapdances im Separee? Und die Lesbenshow de luxe? Stimmen die Preise etwa auch?«, fragte er. »So etwas kostet bei uns nur einen Bruchteil.«

»Da muss ich passen. Was die Preise für solche Dienstleistungen betrifft, bin ich nicht der richtige Ansprechpartner. Aber ich könnte mir schon vorstellen, dass die Damen das nicht aus reiner Herzensgüte machen.«

»Ach, kommen Sie, erzählen Sie mir nichts.«

»Was denn?«

»Sie waren noch nie in einem Stripschuppen?«

»Das habe ich nicht gesagt. Aber mein Privatleben tut hier wirklich nichts zur Sache.«

»Sie haben recht. Entschuldigen Sie bitte.« Er wirkte sichtlich frustriert. »Also bin ich dummer Ami gar nicht beschissen worden«, sagte er mehr zu sich selbst als zu sonst jemandem. »Jedenfalls danke für Ihre Hilfe«, wandte er sich wieder mir zu. »Hier, das ist für Sie.« Er warf einen 100-Euro-Schein auf das Pult. »Gönnen Sie sich dafür einen Lapdance.«

»Vielen Dank!«, sagte ich. »Ist es okay, wenn ich damit ein ganzes Wochenende in meiner Stammkneipe finanziere?«

Er schnaufte laut, wandte sich ab und ging zu den Aufzügen.

Die lange Nacht
der Herzgesundheit

Ungefähr vier Wochen nach dem Polizeikongress, der für einen der Teilnehmer mit einer Trennung von gleich zwei seiner Gespielinnen geendet hatte, richteten die Kardiologen eine Tagung in unserem Haus aus. Die Anzahl der Teilnehmer war zwar wesentlich geringer – leider gibt es weit weniger Herzspezialisten als Polizisten –, aber es ging trotzdem an jedem der zwei Abende hoch her. Die Bar war bis zur Sperrstunde gut besucht.

Ungefähr eine Stunde nachdem die letzten Gäste auf ihre Zimmer gegangen waren, läutete das Telefon. Es war einer der Kongressteilnehmer, und er informierte mich, dass seine Minibar leer sei. Ich war verwundert. Unsere Minibars verdienten die Bezeichnung »Mini« eigentlich nicht. Das waren keine dieser mickrigen Kühlschränke, in denen man einige wenige mikroskopisch kleine Fläschchen und vielleicht noch ein Säckchen Erdnüsse vorfand. Unsere Zimmerbars waren elektronisch gesteuert und mehr als ordentlich bestückt. Da gab es alles, was das durstige Herz begehrte. Wenn man vorne eine Flasche entnahm, wurde sie automatisch in Rechnung gestellt, und es rutschte von hinten eine neue nach. Beinahe endlos. Es kam praktisch nie vor, dass es jemand schaffte, die gesamte Bar zu leeren. Aber gut, der Mann am Telefon war dem Akzent nach Russe, da musste man andere Maßstäbe anlegen.

»Hat die Bar einen Defekt, also kommen keine Flaschen mehr nach, oder ist sie tatsächlich leer?«, fragte ich sicherheitshalber.

»Sie ist leer. Da ist nur noch nutzloses Mineralwasser drin«, sagte der Mann. »Können Sie mir noch etwas bringen?«

Eigentlich war es in unserem Hotel nicht üblich oder gar verpflichtend, die Minibar in der Nacht aufzufüllen. Wer die zur Gänze geleert hatte, sollte ohnehin besser schlafen gehen. Aber ich sah das meistens locker. Man lebt schließlich nur einmal. Und der Mann in der Leitung klang auch nicht fürchterlich betrunken. Etwas angeheitert vielleicht, okay, aber da ging schon noch was. Also sagte ich: »Ja, kein Problem, was hätten Sie denn gerne?«

Ich rechnete mit einem Sixpack Bier oder einer Flasche Wodka. Aber der Herr Doktor wollte sein Herz offenbar einer Spezialbehandlung unterziehen. Er erwiderte: »Bringen Sie mir bitte zwanzig Flaschen Bier, drei Flaschen Champagner und zwei Flaschen Wodka, aber russischen, okay? Keinen polnischen oder diesen Fusel aus Schweden.«

»Geht klar, zwei Flaschen russischen Wodka, drei Flaschen Champagner und zwanzig Flaschen Bier. Bringe ich Ihnen hinauf«, sagte ich.

»Moment, ich bin noch nicht fertig«, warf er ein. »Geben Sie noch zwei Flaschen Gin dazu und ein gutes Tonic. Dann noch ein paar Red Bull, reichlich Knabbereien, Eiswürfel und Gläser. Zwanzig Gläser.«

Aha, nun kam Licht in die Sache. Der gute Mann war dort oben nicht alleine.

»Okay, ist notiert. Ich bringe Ihnen in ein paar Minuten Nachschub.«

Ich wählte von allem nur das Feinste aus und befüllte damit einen Servierwagen. Alles in allem kosteten die Getränke darauf über 2000 Euro. Dann machte ich mich auf den Weg nach oben zum Zimmer des Gastes.

Als ich aus dem Aufzug hinaus in den Flur trat und in Richtung des Zimmers ging, hörte ich bald Musik. Hätte ich die Zimmernummer vergessen, wäre es trotzdem kein Problem gewesen, die richtige Tür zu finden. Ich klopfte, und niemand öffnete. Ich klopfte noch mal, so laut ich konnte, ohne mir die Knöchel zu verstauchen.

Nun ging die Tür auf, und ein Mann sah mich an. Er sah mir zuerst ins Gesicht, und in seinen Augen stand die Frage: *Wer sind Sie und was wollen Sie?* Dann sah er hinunter auf den Servierwagen. Seine Augen begannen zu strahlen, und seine Mundwinkel gingen nach oben. Er schlug mir kumpelhaft auf die Schulter und rief gut gelaunt: »Hallo, mein Freund. Komm herein!«

»Nein, schon gut«, sagte ich. »Ich bringe nur die Getränke und muss gleich wieder hinunter zur Rezeption.«

»Blödsinn!«, rief der Mann.

Er zog den Servierwagen in das Zimmer hinein und mich an der Schulter gleich mit. Der Mann hatte vielleicht Kraft. Er konnte vermutlich den Brustkorb eines Patienten mit bloßen Händen öffnen, bevor er mit den Fingernägeln am offenen Herzen operierte.

Ich wurde weiter in den Raum gezogen. Drinnen teilte gerade ein Mann die letzten Tropfen Wodka auf vier durstige Männer auf, die ihm die Gläser hinhielten. In der Suite befanden sich insgesamt ungefähr 15 Personen, allesamt männlich. Einige von ihnen hatte ich bereits in der Lobby vorbeigehen sehen und wusste, dass sie Teilnehmer des Kongresses waren.

Ich ging davon aus, dass auch die anderen allesamt Kardiologen waren. Ich befand mich momentan im vermutlich sichersten Raum der Welt für einen Herzkranken. Klar, sie waren alle betrunken, aber sie waren auch Russen. Und die kamen ja der Legende nach erst nach einer gewissen Menge Wodka auf Betriebstemperatur. Sollte ich in meinem Leben irgendwann einen

Herzinfarkt erleiden müssen, dann bitte jetzt. Die Chancen, ihn zu überleben, würden niemals wieder besser sein.

Irgendjemand schaltete die Musik ab, als er mich sah. Es wurde schlagartig still, und alle drehten sich zu mir um. Ich kam mir vor wie in einem Saloon im Wilden Westen, wenn der Held den Raum voller Schurken betritt und der Klavierspieler plötzlich aufhört zu spielen.

Der Mann, der mich bei der Tür hereingezogen hatte, rief laut und freudig etwas in den Raum und deutete dabei auf mich und den Servierwagen voller Getränke. Es war auf Russisch, daher konnte ich nichts verstehen. Aber ein Wort verstand ich: Party!

Kaum hatte er das Wort ausgesprochen, stürmten alle Anwesenden auf mich zu, klopften mir freudig auf die Schulter, bedankten sich überschwänglich und schenkten sich ein. Sie brüllten vor Freude und guter Laune wie ein Rudel Werwölfe, das sich gleich über ein Dorf wehrloser Bauern hermachen würde. Die Musik wurde wieder aufgedreht und spielte nun noch lauter als zuvor. Drei der Männer sprangen auf das Bett und tanzten Schulter an Schulter dazu. Andere stießen an, leerten die Gläser auf ex und holten sich sofort Nachschub. Mein Favorit war aber der Mann, der sich bäuchlings auf den Boden warf und versuchte, sich wie eine Robbe fortzubewegen, ohne seinen Drink zu verschütten. So feierten also Kardiologen. Vielleicht war es doch noch nicht zu spät, um Medizin zu studieren.

Der Mann, der die Party wieder für eröffnet erklärt hatte, drehte sich zu mir und sagte laut, um die Musik zu übertönen: »Sie sind der Beste! Vielen Dank, dass Sie uns noch etwas zu trinken gebracht haben. Sie haben die Party gerettet.«

»Gern geschehen«, antwortete ich. »Ich müsste jetzt aber wirklich wieder hinunter zu meinem Arbeitsplatz.«

»Nicht so schnell, junger Mann, nicht so schnell«, sagte er.

»Hier, kosten Sie mal. Der Wodka, den Sie für uns ausgesucht haben, ist hervorragend.« Er schenkte ein Glas ein und hielt es mir hin.

Ich wehrte mit der Hand ab und sagte: »Das ist sehr nett von Ihnen, aber Alkohol im Dienst, Sie wissen schon.«

»Ach, kommen Sie, nur einen Schluck.«

»Nein, wirklich nicht.«

»Einen Schluck, einen ganz kleinen«, bat er mich. Als ich mich immer noch wehrte, sagte er bestimmt: »Das ist eine Verordnung von Ihrem Arzt. Trinken Sie Ihre Medizin, die ist gut für Ihr Herz!«

Er lachte laut über seinen eigenen Witz. Wie oft er den wohl schon gebracht hatte? Ich wusste, dass ich aus dem Raum niemals wieder rauskommen würde, ohne wenigstens an dem Glas zu nippen. Also setzte ich an und befeuchtete etwas meine Lippen. Ich mochte keinen Wodka pur, aber ich sagte höflichkeitshalber: »Gut. Wirklich gut.«

Mein neuer Arzt grinste zufrieden und begleitete mich zur Tür.

»Eine Sache noch, bevor ich gehe«, sagte ich. »Bitte drehen Sie die Musik leiser. Man hört sie bis hinaus in den Flur.«

Er hob fragend Arme und Schultern: »Wer soll uns hören? Sind doch alle hier.«

Das stimmte auch wieder. In diesem Raum musste das halbe Stockwerk versammelt sein. Sollten doch Beschwerden eintreffen, konnte ich immer noch aktiv werden. Ich verabschiedete mich und fuhr wieder hinunter in die Lobby. Die Kardiologen hatten für den Rest der Nacht nichts mehr auf dem Herzen, offenbar hatte ich genügend Alkohol geliefert. Auch die laute Musik war scheinbar allen herzlich egal.

Am nächsten Tag sprach mich meine Chefin an: »Ich habe gesehen, dass du gestern noch über 2000 Euro Umsatz gemacht hast. Wie hast du denn das geschafft?«

»Russen«, sagte ich nur.

Susanne nickte wissend.

Der Anfang vom Ende

*I*ch hatte wieder einmal gemeinsam Dienst mit Susanne, meiner Vorgesetzten. So weit, so gewöhnlich. Aber dieses Mal war irgendetwas anders. Sie verhielt sich seltsam. Ich deutete es so, dass sie mir etwas sagen wollte, jedoch noch auf den richtigen Moment wartete. Um kurz nach 1 Uhr war er dann gekommen. Sie setzte sich neben mich, legte ihre Hand auf meine und sah mich an. *Mist!*, dachte ich mir. *Ein Gespräch, das so beginnt, kann auf nichts Gutes hinauslaufen. Entweder sie sagt mir jetzt, dass sie schwer krank ist und nicht mehr lange zu leben hat, oder ich bin gefeuert.*

»Chris, bitte versteh mich nicht falsch«, sagte sie. »Aber du gehörst nicht hierher.«

Na, wenigstens kein Krebs.

»Was soll das heißen?«, fragte ich. »Bin ich gefeuert?«

»Nein! Nein, ganz und gar nicht. Du machst deinen Job hervorragend. Ich würde dich am liebsten für immer hierbehalten.«

»Wieso meinst du dann, ich gehöre nicht hierher?«

»Weil du deine Talente vergeudest, Chris. Ich sag dir das als jemand, dem etwas an dir liegt. Du bist clever, du bist zuverlässig, du hast eine schnelle Auffassungsgabe, du hast mittlerweile eine hervorragende Menschenkenntnis, ein souveränes Auftreten und noch viele andere Qualitäten, mit denen du anderswo Karriere machen könntest.«

Alle Mann in Deckung! Volle Breitseite Komplimente.

»Du hast dir hier bei uns auch schon eine gute Grundlage an

wirtschaftlichen Kenntnissen erworben. Die sind in anderen Jobs gerne gesehen«, sagte sie.

»Aber ich mache den Job hier gerne«, erwiderte ich.

»Dann bleib, Chris. Du kannst von mir aus bleiben, solange es das Hotel gibt. Ich würde mich darüber freuen und alle anderen auch. Aber du musst dir der Tatsache bewusst sein, dass es als Night Audit keinen Weg nach oben gibt. Du stehst dann für den Rest deines Berufslebens fünfmal die Woche die ganze Nacht lang an der Rezeption. Willst du diesen Job wirklich auch mit sechzig noch machen?«

Nein, das wollte ich nicht. Ich hatte mir eigentlich vorgestellt, noch ein paar Jahre an der Rezeption zu bleiben und dann innerhalb des Hotels an eine Position zu wechseln, wo man sich hocharbeiten konnte.

»Nein, mit sechzig will ich natürlich nicht mehr hier stehen«, antwortete ich. »Ich habe heute schon ein abgenutztes Schultergelenk vom vielen Feuerlöschen. Aber es gibt doch sicher andere Bereiche, in die ich gehen könnte. Ich arbeite gerne in diesem Hotel. Ich habe gehört, dass einige meiner Vorgänger in den Verkauf gewechselt sind. Zimmerkontingente an Unternehmen und Reiseveranstalter verkaufen oder Veranstaltungen für den Bankettbereich an Land ziehen. Das könnte ich mir gut vorstellen.«

»Ja, das könntest du sicher gut. Aber weißt du auch, wie lange deine Vorgänger diesen Job gemacht haben?«

»Nein, keine Ahnung.«

»Die meisten keine zwei Jahre. Die Arbeit ist undankbar, unbefriedigend, und obendrein lässt sich nicht viel verdienen. Diejenigen, die gut waren, sind früher oder später alle in die Wirtschaft gegangen.«

Das war wenig motivierend. Ich hatte es, wie bereits erwähnt, nicht wirklich eilig, den Posten als Nachtportier aufzugeben. Aber irgendwann würde ich schon gerne etwas anderes machen.

Und ich war fix davon ausgegangen, dass es in diesem Hotel sein würde. Nach dem, was Susanne mir da erzählte, musste ich meine Pläne wohl ändern. Allzu viele Möglichkeiten hatte ich ja auch nicht. Porter, also Kofferträger, war mir schon in meinem Alter zu anstrengend, geschweige denn mit sechzig. Auch wenn man gutes Trinkgeld bekommen konnte. Für ein Zimmermädchen hatte ich ein X-Chromosom zu wenig. Als Koch war ich denkbar ungeeignet. Ich scheiterte manchmal schon an der Zubereitung eines belegten Brotes. Als Kellner wollte ich nicht arbeiten. Es blieben also nur Bürojobs.

»Nun, dann werde ich eben Hoteldirektor«, sagte ich lachend. »Und jetzt sag mir bitte nicht, dass auch der schlecht verdient.«

Susanne fand an meiner Aussage nichts Komisches und antwortete, als hätte ich es ernst gemeint: »Auch das traue ich dir zu, Chris. Und keine Sorge, als Direktor verdienst du recht passabel. Die peinlichen Midlife-Crisis-Schlitten, die unser Boss üblicherweise fährt, sind alle nicht auf Kredit finanziert. Aber wenn du wirklich Direktor werden willst, brauchst du erstens einen Abschluss einer guten Wirtschaftsakademie, und zweitens musst du schon einige Stationen im Ausland durchlaufen haben. Ohne internationale Referenzen hast du keine Chance. Du musst bereit sein, viele Jahre lang extrem flexibel zu sein, was deinen Arbeitsplatz und auch deinen Wohnort anbelangt.«

Ich ließ das Gesagte eine Zeit lang sickern.

»Danke, dass du so offen mit mir gesprochen hast, Susanne. Und es freut mich wirklich, dass du eine so hohe Meinung von mir hast«, sagte ich schließlich. »Aber ich werde wohl bis auf Weiteres hier auf meinem Posten bleiben. Ich habe das Gefühl, ich gehöre einfach hierher.«

»Wie gesagt, Chris. Ich will dich wirklich nicht vertreiben. Aber was ich dir gesagt habe, musste ich einfach loswerden.«

Damit war das Thema für den Rest der Nacht beendet. Ich dachte, dass es mich auch nicht weiter beschäftigen würde. Ich konnte in ein paar Jahren immer noch darüber nachdenken, was denn meine berufliche Zukunft so bringen sollte. Aber was Susanne gesagt hatte, diese Kombination aus mir Mut machen, ihre Überzeugung ausdrücken, dass ich zu Höherem bestimmt sei, und dem Aufzeigen meiner beschränkten Möglichkeiten in diesem Hotel, ließ mir keine Ruhe mehr. Die Saat des Zweifels war gesät. Danke, Susanne! In den folgenden Wochen nutzte ich meine freie Zeit während der Dienste immer öfter, um mich im Internet nach möglichen Jobs und den dafür erforderlichen Ausbildungen umzusehen. Die angegebenen Einstiegsgehälter waren allesamt um einiges höher als meine Gage als Night Audit, selbst wenn ich die Trinkgelder mitrechnete. Und auch die Tätigkeitsbereiche und Aufgaben klangen äußerst interessant. Plötzlich war die ganze Nacht an der Rezeption zu stehen und den Laden im Alleingang zu schmeißen nicht mehr das Reizvollste, was ich mir beruflich vorstellen konnte. Aus dem anfänglich eher unverbindlichen Schnuppern wurde echtes Interesse. Mit der Zeit bildete sich eine Überzeugung heraus, und diese mündete schließlich in einen Entschluss.

Ungefähr drei Monate nach unserem Gespräch legte ich Susanne meine Kündigung vor.

Flea

*I*ch hatte mich für eine Ausbildung auf einer renommierten privaten Wirtschaftsakademie entschieden. Der Universitätsbetrieb war nichts für mich. Mir fehlte es dafür einfach an Selbstdisziplin. Das wusste ich bereits von meinen zwei absolvierten Semestern auf der Uni, in denen ich wesentlich mehr Zeit in der Mensa, in den umliegenden Bars und im Bett verbracht hatte als in den Hörsälen. Ich brauchte ein strenges Regiment, wenn ich etwas lernen wollte. Fixe Stundenpläne und Vortragende, die einen vorwärts peitschen.

Mein Ziel war es, nach absolvierter Ausbildung als Key-Account-Manager zu arbeiten. Da die Akademie erst im Herbst begann, hatte ich Susanne und das Personalmanagement um eine Kündigungsfrist von drei Monaten gebeten. Die waren damit sofort einverstanden gewesen, hatten sie doch dadurch genügend Zeit, einen Nachfolger für mich zu finden. Eineinhalb Monate nach meiner Kündigung hatten wir dann das erste Mal gemeinsam Dienst.

»Hallo, ich bin Chris«, stellte ich mich vor. »Es freut mich, dich kennenzulernen.«

»Hey, ich bin Flea. Freut mich ebenso«, sagte der Neue.

»Flea? Wie der Floh auf Englisch? Hier in deinen Unterlagen steht, du heißt Kurt?«, fragte ich.

»Ja, aber alle nennen mich seit Ewigkeiten nur Flea. Nach dem Bassisten der Red Hot Chili Peppers. Weil ich immer ein Riesen-Fan war und immer noch bin.«

»Okay, verstehe. Die Chili Peppers sind cool, und ich kann dich privat auch gerne Flea nennen. Aber hier im Hotel und ganz besonders für die Gäste bist du bitte Kurt.«

»Aber niemand nennt mich Kurt.«

»Doch, die Gäste werden es tun, weil du dich ihnen so vorstellen wirst. Denn wenn du ihnen sagst, dass du Flea heißt, und sie die Band nicht kennen, was bei den meisten der Fall sein wird, dann bleibt für sie nur eine eher unhygienische Alternative als Erklärung für deinen Namen. Und das wollen wir doch nicht, oder?«

»Na gut, dann nenne ich mich Anthony, okay?«

»Wieso denn Anthony?«

»Nach Anthony Kiedis, dem Sänger.«

Mann, das fing ja vielleicht mühsam an.

»Also, Kurt, hör mal zu. Das hier ist ein Hotel. Wir haben hier keine Künstlernamen. Wenn dich also ein Gast nach deinem Namen fragt oder du dich von selbst vorstellst, dann sagst du bitte, dass du Kurt heißt, okay?«

»Aber was spricht denn gegen Anthony?«

»Dagegen spricht, dass du einfach nicht Anthony heißt, sondern Kurt. Und das wird auch so auf deinem Namensschild stehen. Was hast du denn für ein Problem mit deinem echten Namen?«

»Der ist einfach uncool.«

»Uncool? War Kurt Cobain etwa uncool?«

Stille. Ich konnte sehen, wie sich die Rädchen in seinem Kopf drehten. Langsam, aber doch. Schließlich zauberte ihm die Erkenntnis, dass sein echter Vorname mit dem eines der berühmtesten und prägendsten Musiker des 20. Jahrhunderts identisch war, ein Lächeln ins Gesicht.

»Na gut, dann eben Kurt«, sagte er schließlich. »Aber bitte nicht wundern, wenn ich in der ersten Zeit nicht immer gleich auf den Namen reagiere. An den werde ich mich erst wieder gewöhnen müssen.«

»Du schaffst das schon«, sagte ich.

Na endlich war wenigstens das erledigt. Wenn die Einschulung in dem Tempo weiterging, dann wusste er bei Dienstende noch nicht einmal, wie man die Klospülung bedient.

»Also, erzähl mir ein wenig von dir. Hast du vorher schon mal in einem Hotel wie diesem gearbeitet?«, fragte ich.

»Nein, Luxushotels sind nichts für mich. Die ganzen reichen Schnösel gehen mir auf den Sack«, sagte er trocken.

Wie bitte? War ich hier im falschen Film? Oder ein Opfer von *Versteckte Kamera*? Wie war denn der durch das Vorstellungsgespräch gekommen?

»Äh, du weißt aber schon, dass du dich in einem Hotel beworben hast, wir uns gerade in einem befinden und hier jede Menge betuchte Gäste herumlaufen?«, fragte ich.

»Ja, aber in der Nacht ist ja eh nichts los. Da seh ich keinen von denen«, erwiderte er.

»Ach so, was glaubst du denn, was du die ganze Zeit machst, während du Dienst hast?«

»Kaffee trinken?«

Ich musste lachen. Genau den Spruch hatte ich bei meinem Vorstellungsgespräch gebracht. Allerdings mit dem Unterschied, dass ich es als Scherz gemeint hatte. Kurt hier verzog keine Miene und schien es bitterernst zu meinen.

»Na gut, ich gebe zu, es gibt Nächte, in denen wirklich kaum etwas los ist. Aber es kann auch um 3 Uhr in der Früh so richtig rundgehen. Ich fürchte, da wirst du um den Kontakt mit reichen Personen nicht herumkommen. Und du wirst selbst feststellen, dass die meisten auch nur ganz normale Menschen sind. Mit den gleichen Stärken und Schwächen wie wir. Manche sind nett, manche weniger. Das ist außerhalb des Hotels auch nicht anders.

Aber lassen wir das jetzt. Ich zeige dir am besten mal die wichtigsten Computerprogramme. Wie du jemanden ein- und auscheckst, wie du Rechnungen erstellst und so weiter«, bot ich an.

»Boah, Rechnungen«, sagte er verächtlich. »Das ganze Zahlenzeug kann ich überhaupt nicht haben.«

Das musste einfach *Versteckte Kamera* sein.

»Jetzt mal ehrlich, Kurt. Wieso willst du den Job hier überhaupt machen, wenn dir so ziemlich jeder Aspekt davon missfällt?«

»Na, wegen der Kohle. Die Nachtzuschläge sind echt gut. Und dazu dann noch massig Trinkgeld.«

Als würdest du mit deiner Einstellung jemals auch nur einen Cent bekommen.

»Hey, Chris, wo kann man hier eigentlich eine rauchen?«, fragte er plötzlich.

»Ja, okay, geh mal eine rauchen. Du musst dahinten beim Lieferanteneingang raus in den Hof.« Ich deutete in die entsprechende Richtung.

Während Flea-Anthony-Kurt weg war, checkte ich ein Late Arrival ein. Eine Dame mit Echtpelzmantel und Gucci-Reisegepäck. Ich war froh, dass mein Nachfolger nicht dabei war. Ich traute ihm zu, sie anzuspucken und mit einem Red-Hot-Chili-Peppers-Fotoband aus dem Hotel zu prügeln. Als Kurt nach etwas mehr als einer halben Stunde zurückkam, fragte ich erst gar nicht, wo er so lange gewesen war. Mich interessierte vielmehr der Geruch, der an ihm haftete.

»Hast du da draußen etwa gekifft?«, fragte ich. Obwohl die Frage eigentlich überflüssig war. Ich konnte es eindeutig riechen.

»Ja, aber nur ein wenig. Willst du auch? Ich hab noch was.«

»Alter, willst du mich verarschen? Du kannst doch hier am Arbeitsplatz nicht kiffen!« Ich war echt entnervt und wurde laut.

Doch stoned, wie er war, ließ ihn das kalt. Er sagte: »In den Regeln steht nur: Kein Alkohol im Dienst.« Und dann lachte er, wie es nur Bekiffte können.

Zum Glück für ihn läutete nun das Telefon. Ich hob ab, meldete mich, hörte am anderen Ende jedoch nichts. Ich wollte schon auflegen, als jemand in den Hörer röchelte. Die Person brachte kein Wort heraus, aber das schwere Atmen und der Husten klangen höchst dramatisch. Mir schoss innerhalb einer Sekunde das Adrenalin durch die Adern. »Ruf sofort einen Krankenwagen und einen Notarzt«, schrie ich Kurt an, der erschrocken zusammenzuckte, dann aber nur erstarrt dasaß. »Jetzt! Beweg deinen Arsch!«, brüllte ich ihm ins Gesicht. Endlich nahm er sein Diensthandy zur Hand und begann zu wählen. »Und wenn sie da sind, schick sie sofort hinauf auf Zimmer 512. FÜNF EINS ZWEI! Und schreib's dir gefälligst auf!«

Dann rannte ich los, wie ich noch nie gerannt war. Im Aufzug malte ich mir in den schlimmsten Bildern aus, was ich da oben vorfinden würde. Ich hatte richtig Schiss. Als ich im fünften Stock angekommen war, benutzte ich sofort den Universalschlüssel, stürmte in das Zimmer des Gastes und ließ die Tür hinter mir geöffnet. Er, ein Mann Mitte vierzig, lag auf dem Bett und hatte noch immer den Hörer seines Zimmertelefons in der Hand. Sein Brustkorb war aufgebläht, und seine Lippen waren bläulich verfärbt. Aber er bewegte sich noch. Als er mich sah, versuchte er etwas zu sagen. Doch er brachte nach wie vor kein Wort heraus. In seinem Gesicht konnte ich die Panik sehen. Und auch mir wich bei diesem Anblick das Blut aus dem Gesicht. Der Mann deutete auf seinen Mund, seinen Kehlkopf und seine Brust. Ich setzte mich neben ihn auf das Bett und sagte so ruhig wie möglich: »Haben Sie etwas verschluckt? Öffnen Sie bitte Ihren Mund.« Nachzusehen, ob irgendetwas seine Atemwege blockierte, war das Einzige, was mir einfiel. Doch der Mann schüttelte nur den

Kopf. Ich war ratlos. Da ich noch nie einen schweren Asthmaanfall gesehen hatte, erkannte ich ihn auch nicht. Alles, was ich tat, war, beruhigend auf ihn einzureden und ihm zu sagen, dass Hilfe bereits unterwegs war.

Glücklicherweise kamen in diesem Moment auch schon ein Notarzt und zwei Sanitäter ins Zimmer gerannt. Ich sprang sofort auf, um Platz zu machen. Sie richteten den Mann in eine sitzende Position auf, beugten ihn leicht nach vorne und verabreichten ihm ein Spray. Es dauerte quälend lange Minuten, bis der Mann wieder besser Luft bekam. Während sich der Notarzt um den Patienten kümmerte, erklärte mir einer der Sanis, dass es sich um einen Asthmaanfall handelte, wie ich einen solchen künftig rechtzeitig erkennen konnte und wie ich am besten Erste Hilfe leistete. Und er sagte: »Das war arschknapp. Gut, dass Sie uns so schnell gerufen haben.«

Als es dem Mann wieder besser ging, fuhr ich gemeinsam mit ihm, den Sanitätern und dem Notarzt nach unten. Sie hatten ihn auf eine Trage gelegt, um ihn im Spital sicherheitshalber noch einmal durchzuchecken. Die Mediziner schoben ihn hinaus, vorbei am leichenblassen Kurt, luden ihn in den Krankenwagen und fuhren davon.

Als ich wieder zurück an der Rezeption war, saß Kurt noch immer mehr oder weniger genauso da, wie ich ihn zurückgelassen hatte. Nur etwas blasser und stark zitternd. Eigentlich wollte ich ihm eine Standpauke halten, die sich gewaschen hatte. Von wegen in der Nacht wäre eh nichts los und dass man bekifft keine Leben retten könnte und so. Aber plötzlich tat er mir leid, und ich entschied, dass nun nicht der richtige Zeitpunkt dafür war. Ich würde ihn mir ein andermal zur Brust nehmen.

»Was wir da gerade fast erlebt haben, nennt sich in unserer Branche ein kalter Check-out. Aber da du rechtzeitig den Notarzt gerufen hast, konnten wir das gerade noch verhindern. Das hast du gut gemacht.« Ich klopfte ihm auf die Schulter.

»W-wirklich?«, fragte er.

»Ja, wirklich.«

Er sah aus wie ein Häufchen Elend. »Ich glaube, mir geht's nicht gut«, sagte er schließlich.

»Das ist nur der Stress. Der legt sich bald wieder.«

»Nein, ich fühle mich wirklich nicht gut, Chris.«

Ich sah ihn an und überlegte kurz. Was in den letzten Minuten passiert war, hatte ihm vielleicht mehr zugesetzt, als mir bewusst war.

»Okay, dann geh nach Hause. Ich sage Susanne, dass du krank geworden bist. Wir machen ein andermal mit der Einweisung weiter«, sagte ich.

Zu einem anderen Mal kam es nicht. Susanne teilte mir am nächsten Tag mit, dass Flea-Anthony-Kurt gleich in der Früh gekündigt hatte.

Nicht alles ist käuflich

Kurt, mein ehemaliger Nachfolger in spe, hatte uns nach nur zwei Stunden Dienst wieder verlassen. Susanne hatte daraufhin kurzerhand die Nummer zwei auf der Bewerberliste angerufen: Paul. Er saß nun, nur einen Tag nach Kurts Ausscheiden, genau dort, wo Kurt gesessen hatte, und ich begann mit meiner Einschulung von vorne. Samt einleitendem Small Talk. Wie heißt du? Hast du schon mal in einem Hotel gearbeitet? Sie kennen das ja noch aus der vorherigen Geschichte. Paul war bezüglich seines Namens glücklicherweise nicht so kompliziert wie Kurt. Paul hieß tatsächlich Paul und ließ sich auch, ohne Faxen zu machen, Paul nennen. Hurra! Keine Rockstarallüren. Er hatte auch schon ein wenig Erfahrung in der Branche gesammelt und war gegenüber unseren reichen Gästen nicht im Geringsten voreingenommen. Er kiffte nicht im Dienst und hatte auch keine Abneigung gegen Rechnungen. Wie um alles in der Welt war dieser Mann auf der Liste der Bewerber hinter Kurt gerutscht? Da musste Vitamin B im Spiel gewesen sein. Wir verstanden uns von Anfang an gut. Er hatte eine schnelle Auffassungsgabe, war interessiert, unkompliziert und lösungsorientiert. Ja, Paul konnte ich mir sehr gut als meinen Nachfolger vorstellen. Obwohl es mir vollkommen egal hätte sein können, wer nach mir den Nachtdienst machte und wie derjenige das tat, war es das nicht. Über die Jahre hatte ich ein stark ausgeprägtes Verantwortungsgefühl gegenüber meinem Aufgabenbereich und dem Hotel als Ganzes entwickelt.

Ich hatte Paul gerade die wichtigsten Computerprogramme erklärt, als sich eine der Aufzugtüren öffnete. Heraus kam, stark torkelnd, ein Mann. Groß gewachsen, breitschultrig, kurz rasierte Glatze, die obersten drei Knöpfe seines Hemdes geöffnet, zwei goldene Ohrringe und über dem dichten Brusthaar eine dicke Goldkette. Seine Kleidung war teuer, wenn auch geschmacklos, wie ich fand. Ich tippte auf russischen Staatsbürger mit Kriminalitätshintergrund.

Der Mann steuerte direkt auf uns zu und hielt sich schließlich am Tresen fest, offenbar um sich zu stabilisieren. Dann bedeutete er mir mit dem Zeigefinger, ich solle zu ihm kommen. Ach, wie ich diese überhebliche Geste liebte.

»Guten Abend, wie kann ich Ihnen behilflich sein?«, fragte ich.

»Ich brauche meinen Führerschein«, sagte er so forsch und fordernd, wie es ihm mit seiner lallenden Aussprache möglich war. Ja, der Akzent war definitiv russisch.

»Haben Sie ihn bei uns an der Rezeption hinterlegt? Dann sehe ich gleich einmal für Sie nach. Einen Moment bitte.«

»Nein. Der Führerschein ist bei der Polizei. Sie müssen ihn für mich wiederholen.«

»Hat man ihn Ihnen abgenommen?«

»Ja. Und jetzt möchte ich ihn wieder, und Sie werden ihn mir besorgen. Wie viel brauchen Sie?«

»Wie viel was? Was meinen Sie?«

»Na, Geld. Was kostet das in diesem Land?«

»Sie können sich hierzulande den Führerschein nicht zurückkaufen, wenn man ihn Ihnen abgenommen hat.« Nach dem Grund für die Abnahme fragte ich erst gar nicht. Die Alkoholfahne des Mannes war Erklärung genug.

»Blödsinn! Alles und jeder hat seinen Preis«, sagte er zornig und zog ein Bündel mit großen Scheinen aus der Brusttasche seines Hemdes. »Fragen Sie nach, wie viel die Arschlöcher wollen.«

»Ich werde ganz sicher nicht bei der Polizei anrufen und den Beamten Bestechungsgeld anbieten. Das ist erstens strafbar und zweitens sinnlos. Das funktioniert hier so nicht.«

Der Mann beugte sich nach vorne über mein Pult und sagte im Befehlston: »Sie rufen jetzt dort an. Bitte.« Das Bitte klang wie eine Drohung. Die Situation war kurz davor, so richtig unangenehm zu werden, und ich musste sie irgendwie entschärfen.

»Okay, ich werde sehen, was ich in Erfahrung bringen kann«, sagte ich daher. »Bitte nehmen Sie doch so lange drüben im Lounge-Bereich Platz.«

»Nein, ich bleibe hier«, erwiderte er.

»Wie Sie möchten.«

Ich nahm mein Handy und ging damit in die Kammer hinter der Rezeption, wo er mich weder hören noch sehen konnte. Durch die halbdurchlässige Scheibe hatte ich ihn jedoch immer noch gut im Blick. Im Gehen sagte ich zu Paul: »Bitte kümmere dich so lange um unseren Gast, falls er etwas braucht.« Paul nickte nur und stellte sich näher zu ihm.

Drinnen rief ich bei der nächsten Polizeidienststelle an und fragte nach, ob sie etwas von einem russischen Staatsbürger wüssten, dem sie vor Kurzem den Führerschein abgenommen hatten. Gleich der erste Beamte, mit dem ich sprach, wusste Bescheid. Sie hatten den Mann mit überhöhter Geschwindigkeit aufgehalten und bei der Kontrolle schließlich eine starke Alkoholisierung festgestellt. Da sie ihn so nicht weiterfahren lassen konnten, hatte ein Kollege seinen Bentley in unsere Hotelgarage gefahren. Was einerseits nett war, denn normalerweise wurden Autos von Alkolenkern auf einen Parkplatz der Stadt geschleppt, von wo man sie nach Entrichtung einer saftigen Gebühr wieder abholen konnte. Andererseits hatte dieses Vorgehen dem Beamten die Möglichkeit gegeben, einmal einen Bentley zu lenken. Ein klassischer Fall von Win-win. Ein anderer Kollege war ihnen hinterhergefahren und hatte den Betrunkenen in der Garage aussteigen lassen. Ebenfalls sehr zuvorkommend, wie ich fand. Besonders da der Beamte erwähnte, dass sie der Russe wüst beschimpft hatte.

Auf die Frage, ob es eine Möglichkeit gebe, den Führerschein irgendwie wieder zurückzubekommen, sagte der Beamte: »Natürlich bekommt er ihn wieder. In ein paar Wochen oder ein paar Monaten vielleicht. Das entscheidet der Richter.« Oh oh, mit dieser Botschaft ging ich ungern wieder hinaus zu unserem Gast. Aber was hatte ich schon für eine Wahl?

Draußen hatte Paul dem Mann inzwischen ein Glas Wasser gebracht, das der jedoch nicht angerührt hatte. Ich ging zurück an den Tresen und sagte: »Ich habe mit der Polizei gesprochen. Sie werden Ihren Führerschein wiederbekommen, aber frühestens in einigen Wochen.«

Wenn ich einen Helm mit Visier gehabt hätte, hätte ich ihn jetzt aufgesetzt. Aber dem war nicht so, also wartete ich ungeschützt auf seine Reaktion.

»Was?!«, schrie er mich an. »Das ist inakzeptabel. Ich möchte sofort meinen Führerschein wiederhaben.«

»Ich fürchte, das ist nicht möglich. Und bitte mäßigen Sie sich im Ton«, sagte ich so ruhig wie möglich.

»Dann machen Sie es gefälligst möglich!«, schrie er weiter.

»Wie gesagt, das kann ich nicht. Ein Richter wird entscheiden, wann Sie ihn wiederbekommen.«

Jetzt rastete er völlig aus. Er knallte eine Faust auf das Pult und brüllte: »Was ist denn das für ein Scheißhotel?! Sie besorgen mir jetzt sofort meinen Führerschein, sonst passiert hier ein Unglück!«

Das war der Moment, an dem ich zum ersten Mal in meiner

Karriere als Night Audit beschloss, eines der Krisenprotokolle anzuwenden, die ich in meiner Grundausbildung gelernt hatte.

»Bitte entschuldigen Sie uns für einen Moment«, sagte ich zu dem Mann. Und zu Paul, der völlig ruhig hinter mir stand, sagte ich: »Begleitest du mich bitte?« Dann gingen wir gemeinsam in den abgeschotteten Raum hinter der Rezeption.

»Der ist ja vielleicht scheiße drauf«, meinte Paul zu mir, als wir außer Hörweite waren.

»Ja. Schwer betrunken und stinkig, dass er morgen nicht mit seinem Bentley angeben kann. Obwohl ich mir durchaus vorstellen könnte, dass er einfach ohne Führerschein fährt«, antwortete ich.

»Hm, kann gut sein, ja. Und was machen wir jetzt hier hinten?«

»Gar nichts. Einfach warten und durch die Scheibe zusehen, was er tut. Keine Angst, er kann uns von seiner Seite aus nicht sehen.«

»Warten? Was soll das bringen?«

»Ich bleibe sicher nicht länger bei ihm da draußen. Es fehlt nicht viel, und er knallt mir eine. Angeblich beruhigen sich die meisten Menschen wieder, wenn man sie lange genug warten lässt und sie keinen Ansprechpartner haben, an dem sie ihre Wut auslassen können. Oder sie verlieren die Geduld und gehen einfach weg. Dieses deeskalierende Verhalten funktioniert beinahe immer, habe ich in einer Schulung gehört. Ich musste es allerdings noch nie testen.«

Von draußen hörten wir den Mann brüllen: »Hey, wo seid ihr Wichser hin? Ich will meinen Führerschein. Und zwar sofort!«

»Soll ich zu ihm rausgehen? Ich mache Kampfsport«, sagte Paul ungerührt. »Wenn er mir blöd kommt, liegt er ganz schnell auf der Matte.«

Ich legte den Kopf schräg und blickte Paul an. »Du machst Kampfsport? Welchen denn?«

»Krav Maga und Thaiboxen.«

»Und bist du gut?«

Er zuckte mit den Schultern. »Es gibt jede Menge bessere als mich, aber ich mache das schon eine ganze Weile. Zumindest bin ich kein Anfänger mehr.«

Kurz war ich in Versuchung, Paul da rauszuschicken, um dem Gast mit etwas mehr Nachdruck zu verklickern, dass wir sein Verhalten hier nicht tolerierten. Aber das wäre wohl gegen so ziemlich jede Vorschrift des Hotels gewesen, und ich wollte Pauls Karriere nicht ebenfalls nach nur einem Tag enden sehen. Es tat aber gut, zu wissen, dass ich im Ernstfall jemanden an meiner Seite hatte, der sich zu verteidigen wusste. Meine Selbstverteidigungskünste beschränkten sich auf Weglaufen oder darauf, den Aggressor mit einem Gratisbier zu besänftigen. Letzteres war zwar teurer, aber nicht so anstrengend.

»Wenn ihr nicht sofort wieder rauskommt, dann komme ich zu euch. Und dann könnt ihr was erleben!«, hörten wir wieder das Gebrüll von draußen.

Durch die Scheibe sahen wir, dass der Russe nach einem Weg suchte, über oder durch das Pult der Rezeption zu gelangen. Noch hinderte ihn sein Alkoholisierungsgrad daran, die Platte im Desk zu finden, die man hochklappen konnte und die dadurch einen Durchgang frei machte. Aber wer wusste schon, wie lange noch?

»Und, soll ich?«, fragte Paul.

»Nein, lass es. Du darfst keinen Gast angreifen, auch wenn er zuerst handgreiflich wird. Da bekommst du nur einen Haufen Probleme, das zahlt sich nicht aus.«

»Und wenn ein anderer Gast kommt? Den können wir ja nicht mit ihm alleine lassen.«

Guter Punkt. Davon war in der Ausbildung nie die Rede gewesen.

»Dann denke ich noch mal über dein Angebot nach. Aber jetzt rufen wir erst mal die Polizei. Ich fürchte, der beruhigt sich nicht von alleine.«

Ich wählte die Nummer der Wachstube, mit der ich bereits vor wenigen Minuten gesprochen hatte. »Ja, hier noch mal Chris Hartmann, der Nachtportier. Wir haben bereits vor Kurzem telefoniert wegen dem betrunkenen Gast, den Sie zu uns ins Hotel chauffiert haben. Der mit dem Bentley.«

Der Beamte erinnerte sich an das Gespräch.

»Der Mann steht immer noch bei uns an der Rezeption, macht Stress und droht uns Gewalt an, wenn wir ihm seinen Führerschein nicht besorgen.«

Der Polizist schnaufte und sagte: »Ich schicke eine Streife vorbei.«

Paul und ich warteten weiter in unserem Versteck und beobachteten den Betrunkenen. Das war bisweilen sogar recht amüsant. Nachdem er den Durchgang noch immer nicht entdeckt hatte, versuchte er weiter, über das Pult zu klettern. Bei 1,50 Metern Pulthöhe und geschätzten 2 Promille Alkohol im Blut ein schwieriges Unterfangen. Abgesehen davon, dass ich mir kaum einen uneleganteren Anblick hätte vorstellen können, fiel er auch noch dreimal zu Boden und fluchte dabei laut auf Russisch.

Als die Polizei eintraf, lag der Mann gerade bäuchlings auf dem Tresen. Ein Bein hing innen und das andere außen herunter. Bei diesem Anblick rannten die Beamten sofort auf ihn zu, zerrten ihn herunter und fixierten ihn auf dem Boden.

»Geht sofort runter von mir, ihr Arschlöcher!«, brüllte der Mann in Rage. »Was ist das für eine Scheißbude hier?! Manager! Ich will mit dem Manager sprechen!«

Einer der Beamten schrie ihn an: »Wenn Sie sich jetzt nicht sofort beruhigen, dann können Sie gleich mit dem Haftrichter sprechen.«

Paul und ich waren inzwischen aus unserem Versteck gekommen. Als ich sah, wie sich der Mann wehrte und mit den Füßen nach den Polizisten trat, wusste ich, dass meine Entscheidung, uns zurückzuziehen, richtig gewesen war. Wenn er sich nicht einmal von der Polizei einschüchtern ließ, was hätte er dann mit Paul und mir angestellt? Die Beamten drückten ihn jetzt zu zweit zu Boden und forderten ihn mehrmals auf, aufzugeben. Doch er dachte nicht daran. Er brüllte wüste Beschimpfungen, Obszönitäten, die selbst ich noch niemals gehört hatte. Und ich hätte locker ein 300 Seiten starkes Buch mit Schimpfwörtern veröffentlichen können. Er wehrte sich liegend so lange, bis ihm die Kraft ausging und er nur mehr laut schnaufen und schlapp daliegen konnte. Dann zogen ihn die beiden Polizisten auf die Beine. Einer von ihnen fragte mich: »Wollen Sie Anzeige erstatten?«

Natürlich wollte ich das. Aber ich sagte: »Nein. Wenn er sich beruhigt, ist alles vergeben und vergessen.«

Daraufhin wandte sich der Polizist dem Russen zu und sagte: »Okay, Freundchen. Da dieser Mann keine Anzeige erstatten will, haben Sie jetzt genau zwei Möglichkeiten. Erstens: Sie kommen mit uns und verbringen die Nacht in einer Zelle. Oder zweitens: Sie gehen jetzt auf der Stelle hinauf auf Ihr Zimmer und kommen vor morgen Früh nicht mehr herunter. Und dieses Angebot mache ich Ihnen nur einmal. Wenn ich noch einmal herkommen muss, dann geht's direkt ins Gefängnis. Verstanden?«

Der Mann spuckte vor den Polizisten auf den Boden, nickte aber schließlich. Daraufhin ließen ihn die Beamten vorsichtig los, immer bereit, ihn gleich wieder zu packen, wenn das nötig sein sollte. Er blickte uns alle wütend an, machte sich dann aber, irgendetwas Russisches vor sich hin murmelnd, auf den Weg zu den Aufzügen. Wir sahen gemeinsam zu und warteten, bis sich die Aufzugtüren geschlossen hatten.

»Vielen Dank, dass Sie so schnell gekommen sind«, sagte ich zu den Polizisten.

»Ist unser Job«, sagte einer von ihnen. »Ich glaube nicht, dass er noch einmal wiederkommt, aber wenn doch, rufen Sie uns bitte sofort an. Dann nehmen wir ihn mit.«

Ich bedankte mich noch einmal, wir verabschiedeten uns, und der Streifenwagen fuhr weg.

Paul und ich setzten uns, und ich fragte ihn: »Und, wie gefällt dir dein erster Dienst bisher so?«

»Ziemlich langweilig. Ich hätte mir schon etwas mehr Action erwartet«, sagte er lachend.

Ich mochte diesen Kerl.

Wie der Polizist vermutet hatte, bekamen wir den Gast für den Rest der Nacht nicht mehr zu Gesicht. Nach der ganzen Aufregung beschloss ich, es für heute mit der Ausbildung gut sein zu lassen, und Paul und ich unterhielten uns privat bis zum Ende des Dienstes.

Der zweite Nachfolgekandidat in nur zwei Tagen und das zweite Mal Stress. Das war sonst in etwa das Pensum eines ganzen Monats. Ob das ein gutes Omen war? Als wollte das Hotel jeden, der nach mir kam, abschrecken. Aber vielleicht wollte es den Neuen auch gleich zu Beginn die unangenehmen und stressigen Seiten des Jobs zeigen und ihnen die Vorstellungen vom gemütlichen Rumsitzen, Kaffeetrinken, Nachtzuschlag und Trinkgeld-Kassieren austreiben. Jedenfalls trennte sich so wenigstens gleich zu Beginn die Spreu vom Weizen. Wie ich erwartet hatte, war Paul nicht so zart besaitet wie Kurt. Er erschien auch am nächsten Tag pünktlich und topmotiviert zum Dienst.

Bruchlandung

Wir hatten laufend Crews von großen Airlines zu Gast. Es verging kaum ein Tag, an dem nicht Kapitäne und Bordpersonal mit ihren schicken Uniformen und Trolleys durch unsere Lobby stolzierten. Sie kamen meist spät an, und der darauffolgende Ablauf war häufig derselbe: Die Kapitäne verzogen sich mit den hübschesten Flugbegleiterinnen auf ihre Zimmer und wurden bis zum frühen Morgen nicht mehr gesehen. Wer keinen Captain abbekommen hatte oder das auch gar nicht wollte, tauschte seine Dienstkleidung gegen etwas Bequemeres und zog dann los in die nächste Bar oder den nächsten Club. Die Crewmitglieder kamen meist sehr spät und ziemlich betrunken zurück ins Hotel.

Ich fragte mich jedes Mal, wie sie es schafften, am nächsten Tag in aller Frühe wieder fit für den Job zu sein und wie es wohl den armen Fluggästen ergehen würde, die das Pech hatten, von einer dieser Kater-Crews betreut zu werden. Salz in den Kaffee, Bier für das Kind, Wiener Schnitzel für den Veganer?

Auch an diesem Abend hatten wir eine Crew zu Gast. Um ungefähr 1 Uhr früh sahen Paul und ich drei von ihnen zum Haupteingang hereintorkeln. Sie kamen direkt zu uns und verlangten noch etwas zu trinken.

»Es tut mir leid, aber die Bar ist für heute bereits geschlossen«, sagte ich.

»Ach bitte, nur noch einen Drink. Einen klitzekleinen«, jammerte einer von ihnen.

»Wie gesagt, die Bar ist bereits geschlossen. Und, wenn ich mir die Bemerkung erlauben darf, ihr schwankt ohnehin schon beträchtlich.«

Die drei, ein Mann und zwei Frauen, waren so jung, dass ich mir das Sie einfach sparte.

»Ja klar, das ist auch Absicht. Wir gleichen damit morgen das Schwanken des Flugzeugs aus.«

Alle drei lachten laut, und die beiden Mädels klopften dem Witzbold auf die Schultern. Pfff. Ich kann Ihnen gar nicht sagen, wie wenig ich betrunkene Menschen ausstehen konnte, wenn ich selbst nüchtern war.

»Ich mache euch einen Vorschlag«, sagte ich schließlich. »Ihr holt euch was aus der Minibar auf euren Zimmern und könnt es dann hier unten an der Bar trinken. Okay?«

Der Vorschlag gefiel ihnen, und sie setzten sich wenige Minuten später mit ihrer Beute aus den Zimmern an die Bar, die gleich ums Eck der Rezeption war. Ich konnte sie also nicht sehen, aber recht gut hören. Sie unterhielten sich lautstark, lachten und prosteten einander mit klirrenden Gläsern zu. Nach ungefähr zehn Minuten wurden sie dann verdächtig still. Wer von Ihnen Kinder hat, weiß, das bedeutet Alarmstufe Rot. Ich spitzte die Ohren und meinte, sie flüstern zu hören. Aber was ich ganz sicher hörte, war das Kratzen von Glas auf Glas. Was zur Hölle machten die da drüben?

»Kannst du bitte mal ganz dezent nachsehen, was die da drüben treiben?«, bat ich Paul. »Die sind mir zu ruhig.«

»Klar, Boss«, antwortete Paul.

»Ich bin nicht dein Boss.«

»Okay! Klar, Chef«, sagte er grinsend.

»Ich bin auch nicht ... ach, geh einfach nachsehen.«

Paul bog ums Eck in Richtung Bar, und keine drei Sekunden später hörte ich ihn laut sagen: »Hey, Finger weg von der Flasche!«

Hatte ich es doch gewusst. Ich ging ebenfalls hinüber zur Bar. Die drei Flugbegleiter saßen mit verschränkten Händen am Tresen und grinsten besoffen und betont unschuldig.

»Was war los, Paul?«, fragte ich.

»Der Typ da hat versucht, eine Flasche aus der Bar zu ziehen«, erklärte Paul.

An dieser Stelle muss ich kurz erklären, wie unsere Bar aussah. An der Wand hinter dem Barkeeper standen die Flaschen, wie man es kennt. Wenn die Bar geschlossen wurde, klappte man über die gesamte Breite und Höhe der Flaschenregale große waagerechte Lamellen aus Glas, versperrte sie und verhinderte somit, dass sich jemand Unbefugter bedienen konnte. Da die Konstruktion jedoch schon etwas in die Jahre gekommen und dadurch ausgeleiert war, gab es zwischen den einzelnen Glaslamellen Spalten. Und genau durch eine dieser Spalten hatte der junge Mann offenbar versucht, eine Flasche hindurchzuziehen.

»Was soll denn das?«, fragte ich genervt. »Ich lasse euch hier eure Drinks konsumieren, und euch fällt nichts Besseres ein, als eine Flasche stehlen zu wollen?«

»Wir hätten sie ja nicht gestohlen«, sagte eines der Mädels mit schiefem Blick. »Wir wollten sie nur trinken und dann bezahlen.«

»Ja, wie dem auch sei. Die Bar ist geschlossen. Und wenn ihr euch nicht benehmen könnt, dann muss ich euch bitten, auf eure Zimmer zu gehen.«

»Nein, hier ist es klasse. Wir würden wirklich noch gerne hierbleiben. War ja nur ein Spaß. Sorry!«, sagte der junge Mann.

»Dann lasst den Scheiß ab jetzt bitte, okay?«

»Okay«, sagten alle drei.

Wie Teenager, echt. Es ist doch wirklich immer das Gleiche. Kaum nähert sich einem jungen Mann ein weibliches Wesen, übernimmt der Schniedel das Denken. Ja, gut, Sie haben ja recht. Das ist auch in höherem Alter nicht viel anders.

Paul und ich waren wieder zur Rezeption zurückgekehrt.

»Paul, kannst du bitte mal ein Auge auf die spätpubertären Schluckspechte da drüben haben? Ich muss mal für kleine Nachtportiere.«

»Geht klar, Bo... Che... Chris. Wenn die das noch mal versuchen, dann teste ich mal meine neuen Thaibox-Techniken an ihnen.«

»Ja, mach das«, sagte ich. Ich wusste, dass Paul nur scherzte.

Ich würde schätzen, dass meine Blase ungefähr zur Hälfte entleert war, als ich durch die Toilettentür ein lautes Klirren hörte. Zweifellos war gerade jede Menge Glas zerbrochen, und es war nicht schwer zu erraten, wer wohl dafür verantwortlich war. Nachdem da draußen vermutlich ohnehin nichts mehr zu retten war, erledigte ich in aller Ruhe mein Geschäft und ging schließlich betont cool und entspannt zur Bar.

»Und, welche Ausrede bekomme ich jetzt zu hören?«, fragte ich.

Sie hatten natürlich wieder versucht, eine Flasche durch einen Spalt zu ziehen. Dieses Mal war die Glaslamelle dabei zerbrochen und mitsamt mehrerer anderer Flaschen zu Boden gefallen. Überall lagen Scherben, und es roch stark nach Alkohol. Der junge Mann hatte einige kleinere Schnittwunden an der Hand, die Paul gerade mit Bandagen und Pflastern aus unserem Erste-Hilfe-Koffer verarztete.

Niemand antwortete auf meine Frage. Aber was hätten sie auch sagen sollen? Als Paul fertig war, schickte ich die drei nach oben auf ihre Zimmer, wie man es mit hirnlosen Teenagern eben so machte. Sie sprachen die ganze Zeit kein Wort. Nur eine der jungen Frauen murmelte ein leises »Entschuldigung«. Dann trabten sie mit hängenden Köpfen davon.

Ich hätte das Ganze problemlos als Unfall darstellen können. Ich hätte sagen können, dass eine der Lamellen plötzlich nachgegeben habe und es so zu dem Unglück gekommen sei. Dann hätte den gesamten Schaden die Versicherung übernommen. Aber das wollte ich nicht. Ich war nett zu ihnen gewesen, ich hatte eine Ausnahme für sie gemacht, und ich hatte sie sogar einmal verwarnt, ohne sie wegzuschicken. Sie hatten trotzdem weitergemacht. Jetzt sollten sie auch die Konsequenzen tragen. Ich suchte mir die Etiketten der Flaschen aus dem Scherbenhaufen, bevor ich ihn beseitigte, und schrieb jede einzelne Flasche auf die Zimmerrechnung der drei. Es wurde eine fette Summe, bei unseren Barpreisen. Die Rechnung für die gebrochene Glaslamelle würde noch folgen. Auf die Anzeige wegen Sachbeschädigung und versuchtem Diebstahl verzichtete ich. Ich wollte es nicht übertreiben. Schon alleine mir selbst zuliebe. Schließlich trifft man sich immer zweimal im Leben, und ich hatte nun wirklich keine Lust, bei meinem nächsten Flug Salz in meinen Kaffee zu bekommen. Oder Schlimmeres.

Check-out

Das Wetter am Tag meines letzten Dienstes war ziemlich genau so, wie ich mich fühlte. Größtenteils sonnig, aber immer wieder zogen Wolken vorüber. Mancherorts waren sogar ein paar Regentropfen vorhergesagt. Als ich das Gebäude gegen 22:30 Uhr betrat, warteten schon Susanne und Paul auf mich. Paul hatte ohnehin Dienst, und meine Noch-Chefin hatte mir bereits Tage zuvor gesagt, dass sie es sich nicht nehmen lassen würde, den letzten Dienst gemeinsam mit mir zu schieben. Als ich um kurz vor 23 Uhr in meiner Dienstkleidung aus der Garderobe kam, waren plötzlich nicht nur Susanne und Paul da. Etwa 15 Kolleginnen und Kollegen hatten sich versammelt und sangen für mich, kaum dass ich mich der Rezeption näherte:

> »For he's a jolly good fellow
> For he's a jolly good fellow
> For he's a jolly good fellow
> Which nobody can deny!«

Ich war ehrlich überrascht und gerührt. Einige der Kollegen waren länger geblieben, andere waren sogar extra in ihrer dienstfreien Zeit ins Hotel gekommen, um mich zu verabschieden. Ich schüttelte Hände, klopfte auf Schultern, wurde umarmt und geküsst. Dann räusperte sich Susanne laut und hämmerte mehrmals auf die Rezeptionsglocke. »Wenn ich kurz um eure Aufmerksamkeit bitten dürfte«, sagte sie. Ruhe kehrte ein.

»Wie ihr ja alle wisst, wird Chris uns verlassen und hat heute seinen letzten Tag.« Sie wandte sich nun an mich. »Damit du uns und deine Tätigkeit hier nicht vergisst, haben wir ein paar Erinnerungsstücke für dich zusammengestellt. Aber bevor wir sie dir überreichen …« Sie stoppte und rief hinüber zur Küche: »Uli, Ilija, ihr könnt kommen!« Die automatische Tür öffnete sich, und heraus kamen zwei Kellner. Einer trug Sektkübel mit Champagner und Gläsern und der andere zwei Platten mit Brötchen und Petits Fours. Wer wohl zurzeit gerade den Schlüssel zum Schrank hatte?

»Heute, und wirklich nur heute, aufgrund des besonderen Anlasses, hebe ich das Alkoholverbot im Dienst auf«, verkündete Susanne. »Aber nur ein Glas, für alle, die noch arbeiten müssen. Wenn du mehr als ein Glas trinkst, Chris, dann feuere ich dich noch an deinem letzten Tag.«

Alle lachten. Aber ich war mir sicher, dass sie es zumindest halb ernst meinte. Nachdem wir angestoßen und ein paar Schlucke getrunken hatten, kam Susanne dann zur Sache.

»Also wie bereits erwähnt, haben wir ein paar Erinnerungsstücke für dich. Hier ist Nummer eins.«

Sie überreichte mir einen Feuerwehrhandschuh.

»Der soll dich für immer an deinen heldenhaften Löscheinsatz erinnern, bei dem du nicht nur die Küche, sondern vielleicht sogar das ganze Hotel gerettet hast. Das ist übrigens ein echter Handschuh. Einer der Feuerwehrleute muss ihn verloren haben, und einer der Köche hat ihn am Tag nach dem Einsatz unter dem Herd gefunden.«

Sie erwähnte den anderen gegenüber nicht, dass die gesamte Feuerwehrmannschaft damals ziemlich beschwipst gewesen war und noch viel mehr Equipment vergessen hatte. Das blieb für immer unter uns.

»Nummer zwei: ein Asthmaspray. Gespendet von Thomas dahinten.« Sie zeigte auf einen Kollegen. »Es ist zwar leer, aber es wird dich immer an den gerade noch verhinderten kalten Checkout vor noch gar nicht allzu langer Zeit erinnern. Nummer drei: eine Flasche russischer Wodka.«

»Woran soll mich die genau erinnern?«, fragte ich. »Ich hatte so viele Erlebnisse, bei denen Alkohol eine Rolle gespielt hat.«

»Such's dir aus«, sagte Susanne. »Die Waffenhändler, denen du die Tür eingetreten hast zum Beispiel.«

»Hey, das war nicht ich, das war John, der Wachmann«, verteidigte ich mich lachend. »Und übrigens war das ein medizinischer Notfall.«

Susanne sah mich wissend an. Ich hatte ihr in einer der vielen gemeinsamen Nachtschichten einmal die Wahrheit gestanden.

»Oder denke an die Kardiologen, denen du die Party gerettet und nebenbei noch einen Wahnsinnsumsatz gemacht hast. Oder den rabiaten Russen, dem sie den Führerschein abgenommen haben.«

»Nein danke, den will ich lieber vergessen.«

»Du darfst sie übrigens auch gerne austrinken. Die leere Flasche taugt genauso als Erinnerung. Also dann zu Nummer vier.«

Sie überreichte mir einen zerbrochenen Teller.

»Hey, das ist gemein!«, sagte ich. »Ich konnte nichts dafür, dass die 200 Teller plötzlich vom Servierwagen gefallen sind.«

»Nicht? Wer hat sie denn so hoch gestapelt?«

»Ach, lass uns zum nächsten Erinnerungsstück kommen, wenn es noch eines gibt.«

»Ja, eines gibt es noch. Hier.«

Sie überreichte mir ein in Geschenkpapier gewickeltes Paket. Es war offenbar das Highlight der Sammlung. Ich blickte in die Gesichter der Anwesenden und sah ihr hämisches Grinsen. Das konnte nichts Gutes bedeuten. Am liebsten hätte ich es gar nicht aufgemacht. Aber das war natürlich keine Option. Also riss ich das Papier herunter und zog ein T-Shirt heraus. Es hatte einen

Aufdruck der Boyband, deren Fans ich eine Nacht lang aufgrund eines Schneesturms in der Lobby hatte campieren lassen. Und jeder wusste: Ich hasste Retortenbands!

»Niemals, niemals! Das zieh ich nicht an, das ist euch doch klar, oder?«, rief ich laut.

Die 15 Kolleginnen und Kollegen grölten vor Vergnügen und skandierten: »Anziehen! Anziehen! Anziehen!«

»Was, etwa jetzt?«

»Anziehen! Anziehen!«, riefen sie weiter.

»Ihr seid wirklich die schlimmsten Kollegen, die man sich vorstellen kann«, sagte ich mit einem Lächeln im Gesicht.

Dann zog ich mein Sakko und das Hemd aus und streifte mir das Shirt über. Alle lachten, und einige knipsten sofort Fotos.

»Wehe, wenn das einer von euch auf Social Media hochlädt«, sagte ich. »Ich warne euch. Ihr würdet meinen über die Jahre mühsam aufgebauten Ruf als Liebhaber *echter* Musik ruinieren.«

Dann zog ich das Shirt aus und schlüpfte wieder in die Dienstkleidung. Immerhin konnte jeden Moment ein Gast kommen.

»Rede! Rede! Rede!«, riefen meine Kollegen schließlich.

Ich räusperte mich und begann: »Ja, was soll ich sagen. Ich gehe mit einem lachenden und einem weinenden Auge. Es war toll, hier zu arbeiten, besonders mit Kolleginnen und Kollegen wie euch. Ich habe viel gelernt, speziell über Menschen. Und ich weiß jetzt auch, wie hoch man Teller nicht stapeln darf. Wer weiß, wozu man dieses Wissen einmal benötigt. Vielleicht ist ja genau das einmal die letzte Frage bei *Wer wird Millionär*. Ganz besonders möchte ich mich bei Susanne bedanken, die mir damals die Chance gegeben hat, hier anzufangen. Gleichzeitig freue ich mich aber natürlich auch sehr auf die Zeit, die vor mir liegt. Die Ausbildung und hoffentlich danach ein spannender Job. Und was mir auch noch wichtig ist, zu erwähnen: Ich bin mir sicher, dass mich Paul hier künftig würdig vertreten wird. Ich danke euch.«

Es gab tosenden Applaus. Na gut, so tosend, wie 15 Leute halt applaudieren können. Aber er war schon ziemlich laut. Dann tranken wir noch unsere Gläser aus, verabschiedeten uns herzlich, und bald waren es nur mehr Susanne, Paul und ich. Als wir wieder unter uns waren, sagte Susanne noch: »Chris, es war wirklich eine Freude, mit dir zu arbeiten. Du wirst mir und uns allen hier fehlen.« Dann umarmte sie mich und drückte mir einen Kuss auf die Wange.

Das Telefon läutete, und Paul hob ab. Nach einem kurzen Gespräch legte er wieder auf und sagte: »Der Mann auf Zimmer 322 hat gerade einen Schinken-Käse-Toast und einen grünen Salat bestellt. Soll ich das gleich übernehmen, Chris?«

»Nein, nein, nein, auf gar keinen Fall, das mache ich noch persönlich. Der Mann ist einer meiner Lieblingsgäste.«

»Wieso denn?«

»Er ist ein hohes Tier bei einem großen Unternehmen, und er steigt jeden Monat exakt vier Mal bei uns ab. Und bei drei dieser vier Besuche kommt jedes Mal eine Stunde nach seiner Ankunft ein First-Class-Escortgirl auf sein Zimmer. Es ist immer dieselbe Frau, und sie ist unglaublich hübsch. Und wieder eine Stunde später bestellt er dann Schinken-Käse-Toast mit grünem Salat. Jedes Mal. Danach kannst du die Uhr stellen.«

»Und, was ist daran so besonders?«

»Wenn du an seine Zimmertür klopfst und den Toast bringst, bittet er dich immer herein. Und drinnen auf dem Bett sitzt dann immer, wirklich immer, besagte Dame. Splitterfasernackt. So serviere ich am liebsten.«

»Verstehe«, sagte Paul. »Den Gast muss ich mir merken.«

»Ja, das solltest du unbedingt. Es zahlt sich aus, glaube mir. Aber, Vorsicht. Er ist nur dreimal im Monat mit dem Escortgirl auf dem Zimmer.«

»Und beim vierten Besuch?«

»Da reist er immer mit seiner Frau an. Aber du erkennst das ganz leicht daran, dass er in diesem Fall statt Toast mit Salat immer eine Salamipizza und drei Tüten Kartoffelchips oder etwas in die Richtung bestellt.«

»Okay, danke für die Warnung«, sagte Paul lachend.

»So, jetzt entschuldigt mich bitte. Ich habe einen Toast mit Salat zu servieren.«

Ich fuhr mit dem Servierwagen nach oben und klopfte bei 322. Wie erwartet öffnete der Mann und bat mich hinein. Voller Vorfreude schob ich den Wagen ins Zimmer, und dann sah ich sie auch schon auf dem Bett sitzen. Seine Frau.

Epilog

Die Wirtschaftsakademie hat mein gesamtes Geld, das ich mir während meiner Zeit als Nachtportier zusammengespart hatte, aufgefressen. Aber die Investition war eine gute. Nach erfolgreichem Abschluss bin ich für einige Zeit nach England gegangen und habe dort Bier getrunken. Ach, und den Bachelor habe ich dort auch gemacht. Als ich wieder zurück zu Hause war, habe ich dank meiner Ausbildung sehr schnell einen Job als Assistent eines Key-Account-Managers bekommen. Und nur sechs Monate später war ich selbst einer.

Heute arbeite ich in einer führenden Position bei einem international tätigen Markenartikel-Konzern. Nicht bei dem, der den Leuten vor Ort die Quellen leer pumpt und das Wasser dann in kleinen Plastikflaschen sündteuer weiterverkauft, falls Sie sich das jetzt fragen. Wenn ich mich mit Freunden und Kollegen treffe, erzähle ich immer wieder gerne einige Anekdoten aus meiner Zeit als Night Audit. Manchmal werde ich regelrecht dazu genötigt. Ich erwähne auch häufig, wie viel mir die damals erworbene Menschenkenntnis in meinem späteren Berufsleben gebracht hat. Und ich bin fest davon überzeugt, sie war mit daran beteiligt, dass ich heute dort stehe, wo ich stehe.

VOLKER KEIDEL

Wer alkoholfreies Radler trinkt, hat sich schon aufgegeben

Einer gegen alle Trends

Das Leben ist schon schwirig genug, da haben diese ganzen unsäglichen Trends gerade noch gefehlt. Von Hygge und Slim-fit-Jeans über Modenamen und Flashmobs bis hin zu Online-Gaming: Volker Keidel probiert alles aus. Dabei ist er keiner, der oberlehrerhaft oder typischdeutschunzufrieden daherkommt. Ganz im Gegenteil: Er will diesem ganzen Trend-Wahn ja eine Chance geben! Keidel spielt Golf, geht zum Yoga und versucht mit seinem Sohn in der Boulder-Halle mitzuhalten. Wir lachen und weinen mit ihm.

Am Ende ist er sich sicher: »Wahres Glück findest du nicht, wenn du eine Bucket List abarbeitest oder Wert auf Achtsamkeit legst. Geh lieber mit guten Freunden aus! Trink genügend Bier! Schlag über die Stränge! Lebe!«

»Immer wenn ich eine von Keidels Geschichten lese, bekomme ich Lust, Bier zu trinken und Freunde zu treffen. Dann lese ich noch eine und noch eine … bis es zu spät ist, noch mit dem Biertrinken anzufangen.«
Simon Pearce, Schauspieler, Comedian, Kabarettist und Autor von *So viel Weißbier kannst gar ned trinken*

KNAUR

MICHEL RUGE

Große Freiheit Mitte

Mein wilder Trip durchs Berliner Nachtleben

Nach dem Fall der Mauer pulsiert das Leben in Berlin. In den Hinterhöfen sprießen illegale Clubs aus dem Boden, die Nächte verfliegen wie im Rausch, statt bürgerlicher Regeln herrschen kreative Anarchie und sexuelle Experimentierfreude.

Mittendrin: Michel Ruge – Ex-Gangmitglied, Schauspieler, Kampfsportler, den Berlins flirrender Ruf aus St. Pauli an die Spree gelockt hat. Er wird Türsteher in den angesagtesten Clubs und taucht ein in die ungeahnten Freiheiten der neuen alten Hauptstadt – bis das exzessive Leben die ersten Opfer fordert …

»Ruge nimmt den Leser mit auf eine Abenteuerfahrt durch das Berlin der Neunzigerjahre – ein Ritt durch Szenebars, Schlafzimmer und die Sehnsucht nach dem richtigen Leben. Dit war Berlin!«

Per Hinrichs, *Welt am Sonntag*

KNAUR